U0033772

印度獨立與中印關係史料

（1946-1950）

（一）

Historical Documents on the Independence of India and
Sino-Indian Relations,1946-1950

- Section I -

廖文碩／主編

目錄

編輯凡例

一、本套書係由國史館庋藏《蔣中正總統文物》、
　　《國民政府檔案》、《行政院檔案》、《外交部檔
　　案》，中國國民黨文化傳播委員會黨史館庋藏《特
　　種檔案》、《一般檔案》，中央研究院近代史研究
　　所檔案館庋藏《外交部檔案》等全宗檔案史料，挑
　　選彙集而成。

二、本套書之編排方式，先依主題順序，再依時序進行
　　編輯。文件日期以發文日期為主，不確定者以內容
　　推定排入。

三、各件檔案內容要旨，摘錄於目次及各文件之首，
　　附件收錄於其後，並標明文件來源：（一）未出版
　　者：〈卷名或案名〉，《全宗檔案名稱》，典藏
　　或館藏號；（二）已出版者：《書名》，起迄頁
　　碼。中研院近史所檔案館庋藏之《外交部檔案》，
　　為與國史館藏同名稱全宗區別，以《外交部檔案
　　（近）》表示之。

四、原件為俗體字、異體字者，改為正體字；無法識別
　　者，則以□符號表示；挪抬及平抬一律從略。

五、原文中提及如左、如右等文字皆不予更改。

六、本套書依照原件，原文如「偽」、「匪」等文字皆
　　不予更改；「註」、「附註」皆為原件所示；部分
　　附件原件即缺。

七、本套書倉促成編，疏漏之處，尚祈先進不吝細察
　　指正。

導言

廖文碩
國史館協修

一、現代中印關係緣起

　　印度與中國「自人類黎明即共生」，在廣袤的歐亞大陸上相依傍，兩大文明古國卻於近代雙雙淪為被西方帝國壓迫的民族，19、20世紀之交，於民族主義覺醒、民主思想勃興的世界性浪潮推動下，為達成民族國家主權獨立、尋求東方精神文明出路與文化自主、發達社會經濟及提升民生福祉，激發了中國與印度革命志士同聲相應的共識與情誼。辛亥革命推翻帝制、民國肇建、走向共和的歷程，帶給印人勇氣與啟示，孫文、章太炎與印度革命家聯繫尤為密切。1924年印度文豪泰戈爾（Rabindranath Tagore）受邀訪華，所倡博愛和平精神與其文人哲思風範風靡一時，彰顯東西文明衝突論爭；[1] 同年孫文於日本神戶發表「大亞洲主義」演講，力倡恢復亞洲民族地位，以仁義道德為基礎，聯合亞洲各地民族，有別於日本大亞細亞主義者侵略論，印度民族主義者多所響應。[2]

1　呂芳上，〈「竺震旦」與「驅象黨」：一九二四年泰戈爾的訪華與東西文化之爭〉，收入呂芳上，《民國史論》（臺北：臺灣商務印書館，2013），中冊，頁888-929。

2　桑兵，《孫中山的活動與思想》（臺北：萬卷樓圖書公司，2018），下冊，頁317-340；Pankaj Mishra, *From the Ruins of*

　　1927 年 2 月，由共產國際主導組織的世界性「反帝大同盟」（League against Imperialism）於比利時首都布魯塞爾舉行成立大會，共有 30 餘個被殖民國家受邀參與，中國國民黨在聯俄容共政策下也成為同盟支持者，黨中央執行委員宋慶齡與來自歐美各界的國際知名人士如愛因斯坦、高爾基等為同盟主要發起人。會議期間，印度代表國民大會黨（Indian National Congress，簡稱國大黨）左派領袖尼赫魯（Jawaharlal Nehru）曾與宋慶齡、奉派為國民黨駐該同盟代表的中共黨員廖煥星等人密切接觸，就中印聯合與交流辦法進行討論。然而其時國民黨因左右路線之爭走向清黨與國共絕裂，尼赫魯等人的中印合作計畫發展隨即受阻。[3] 與此同時，國大黨精神領袖甘地（Mohandas Gandhi）的非暴力主義、公民不服從不合作運動、消極抵制英國貨等獨立運動戰略思想，也於 1920 年代介紹到中國，提供知識分子與政治運動家不同的革命思維及可能策略。[4]

　　1934 至 1935 年間，由時任中央研究院院長蔡元培與泰戈爾所創辦「中印學會」分別於印、中成立，為雙方建立常態互動管道與人際網絡的里程碑。承繼1920年代與泰戈爾等人的學術文化交流前例，中印學會旨為振興中印文化，考量印度局勢而刻意避免政治糾葛，偏

　　Empire: The Revolt against the West and the Remaking of Asia (London; New York: Allen Lane, 2012), Chapter 4.

3　Sarvepalli Gopal, *Jawaharlal Nehru: An Autobiography* (Delhi; Oxford: Oxford University Press, 1989), pp. 54-55.

4　Brian Tsui, "Decolonization and Revolution: Debating Gandhism in Republican China," *Modern China* 41:1 (January 2015), pp. 59-89.

重宗教文化活動。中方由蔡元培、戴傳賢、朱家驊等先後出任理監事長，網羅政界、學界、文化界等名流，頗得官方支持，然而實際活動有限；而譚雲山受泰戈爾委託在印經營中印學會，並主持與泰戈爾所共創之國際大學中國學院（Cheena Bhavan），成為往後數十年中印之間聯繫的重要橋梁。[5]

中印政黨領導人正式互訪則始於尼赫魯 1939 年 8 月下旬造訪重慶，向蔣中正提交「發展中印關係意見書」，表達國大黨對中國抗日戰爭的同情與支持，雙方並議定「中印文化合作辦法大綱草案」、「中印合作與組織辦法」，中方原則以表面上借託文化合作事業方式，樹立中印合作根本基礎，進而發展政治上的實質合作，一切合作活動俱由中國國民黨及國大黨負責實際策動。1940 年 11 月，時任考試院院長戴傳賢受蔣中正命，於英方同意下以中國國民黨代表身分出訪印度，正值尼赫魯抗議英國參戰未得印人同意，從事反戰宣傳而入獄，戴傳賢則傳達蔣中正勸諫國大黨與同盟國合作，爭取國際同情之意。另一方面，毛澤東與尼赫魯則於 1938 年促成印度援華醫療隊，提供八路軍援助，尼赫魯在重慶期間曾會晤八路軍參謀長葉劍英，並受邀拜會毛澤東，因二戰爆發致印度國內急務而不克成行。[6]

未幾太平洋戰爭爆發，羅斯福標榜反殖民主義的道

---

5 譚中，〈現代印度的中國研究〉，《南亞研究季刊》，2011 年第 1 期，頁 89-95。

6 楊天石，〈蔣介石與尼赫魯〉，收入楊天石，《找尋真實的蔣介石——蔣介石日記解讀（二）》（香港：三聯書店，2010），頁 300-331。

德與思想訴求、以持久全面的國際安全體系締造戰後世
界秩序的構想，力主「四強」架構——以美、英、蘇、
中為維持國際秩序四警察，1941 年夏先與邱吉爾簽署
同盟國戰後合作的最初藍本「大西洋憲章」（Atlantic
Charter），1942 年元月復由四國領銜簽署二十六
國反法西斯侵略之聯合宣言（Declaration by United
Nations）。隨著亞太地區戰略地位受到國際重視，蔣
中正於英、美高層默契下，前往英屬緬甸、印度進行訪
問，與緬甸高層共同檢視軍事準備情形及拜會印督等
官員及印度在野領袖甘地、尼赫魯、全印回教徒聯盟
（All-India Muslim League）主席真納（Muhammad Ali
Jinnah）等。作為國家領導人的首次出國訪問，蔣中正
於日記自許訪印目的，在「勸英印互諒互讓、勸印多出
兵出力」，即與英印進行軍事及政治合作，調解英印殖
民宗主國與殖民地社會之間的政治矛盾，力促英印雙方
接受印度進入自治領體制階段，消弭印度反戰情緒，使
共同對抗法西斯侵略為主。[7]

　　然而蔣中正訪印調停英印未果，日軍已在緬甸發動
接連攻勢，中國遠征軍向緬境進發，而英方於 3 月下旬

7　Zhai Qiang, "A Passage to India: A Reappraisal of Chiang Kai-
shek's Wartime Diplomacy"，收入呂芳上主編，《蔣中正日記與
民國史研究》（臺北：世界大同文創股份有限公司，2011），
頁 279-306；呂芳上，〈蔣中正——一位彈性國際主義者：以
一九四二年訪印為例的討論〉，《民國史論》，下冊，頁 1526-
1550；Wen-shuo Liao, "Between Alliance and Rivalry: Nationalist
China and India during the Second World War," in Tansen Sen
and Brian Tsui, eds., *Beyond Pan-Asianism: Connecting China and
India* (New Delhi: Oxford University Press India, 2020), pp. 350-
377.

派出「克利浦斯特使團」（Cripps Mission）入印交涉，
所提印度戰後自治主張仍難為國大黨人士所接受。其時
日本在東南亞各地宣傳反西方帝國殖民、號召「亞洲為
亞洲人之亞洲」大亞細亞主義思想，在印度與抗英獨立
運動合流，鼓動印度流亡民族主義者倒向與軸心國結
盟。繼克利浦斯談判失敗，美國原擬發表解放殖民地的
普遍的政策性宣言，時機已失，甘地等人則發動大規模
不抵抗運動（Quit India Movement），呼籲英帝國、美
軍隊退出印度，倡論即刻獨立。甘地、尼赫魯等國大黨
常務委員因之遭到逮捕，社會陷入動盪，英國加派大軍
壓境，圖謀久留印度之心昭然若揭，國際輿論譁然。[8]
此際英、美盟軍在北非、西亞戰況危急，而國大黨與回
盟衝突日烈，羅斯福以回教徒作為印軍骨幹，尚且於中
東勢力龐大，或將有所牽連、顧此失彼等因素，對於蔣
中正欲以美、中聯合斡旋調解之見，已趨延宕立場。邱
吉爾復致函蔣中正嚴辭申明國大黨無法代表印度、印度
問題係屬英國內政、英國政府決不接受美國調停。在
美、英定調下，印度自治問題亦告擱置。[9]

二、印度獨立前後中印關係發展

　　二戰結束前夕，印度獨立運動再現高潮，英國工黨

8　林孝庭，〈二戰時期中英關係再探討：以南亞問題為中心〉，
　　《近代史研究》，2005 年第 4 期，頁 32-56；Auriol Weigold,
　　Churchill, Roosevelt and India: Propaganda during World War II
　　(New York: Routledge, 2008), pp. 140-160.

9　Christopher Bayly and Tim Harper, *Forgotten Armies: The Fall of
　　British Asia, 1941-1945* (Cambridge, MA: The Belknap Press of
　　Harvard University Press, 2005), pp. 96-105.

政府艾德禮內閣為因應亞太新局勢，以務實開明政策提出解決印度問題方案，藉此維持英國在印經濟與軍事權益及相關聯繫，阻止共產勢力洪流，並爭取印度留在大英國協。其間歷經 1946 年克利浦斯等人奉召所組「內閣特使團」（Cabinet Mission）赴印與印督、國大黨及回盟等代表於西姆拉舉行會議協商、籌組臨時政府與召開制憲會議、國大黨主席尼赫魯出任臨時政府行政會議副主席兼外長，以及印回流血衝突與回盟拒絕加入制憲會議；1947 年蒙巴頓繼魏菲爾出任印督宣告印回分治、隨即通過「印度獨立法案」（Indian Independence Act of 1947），同年 8 月英國遂將政權交還印度與巴基斯坦兩自治領政府，尼赫魯出任印度首任總理。印、巴獨立初期尚引發雙方爭奪土邦、克什米爾戰事、印回仇殺暴動及人口大遷徙、甘地遇刺身亡等一連串社會政治動盪。[10]

國民政府於 1946 年印度臨時政府成立之際即率先將駐印專員公署升格為大使館，隔年初發布由學者羅家倫為首任駐印大使；原印度駐華專員梅農（K. P. S. Menon）亦升為大使，1948 年由潘尼迦（K. M. Panikkar）繼任，成為尼赫魯在中國的「耳目」，其於國共之觀點與評價尤具影響力，除官方檔案資料外，羅家倫、梅農、潘尼迦三位大使均留有豐富的文字記述供

---

10 吳俊才，《印度史》（臺北：三民書局，1981），頁 435-453；Sucheta Mahajan, *Independence and Partition: the Erosion of Colonial Power in India* (Thousand Oaks, CA: Sage Publications, 2000).

後人憑據考察。[11] 隨著國共內戰加劇，政府情勢日益嚴峻，1949 年春首都南京為共軍所陷，潘尼迦未隨行政院遷往廣州，7 月政府駐藏辦事處被逐出藏，10 月毛澤東於北京宣布成立新中國，尼赫魯政府電告周恩來將「謹慎考慮」局勢發展，12 月 30 日即致函中共外長周恩來宣布承認中華人民共和國，中華民國政府隨之宣布與印度斷交，羅家倫降旗撤館。1950 年元月印度結束自治領階段，共和國成立，同月印度投票贊成蘇聯提案將中華民國逐出聯合國安全理事會，4 月中共與印度正式建立外交關係，互派大使。[12]

　　有關印度獨立前後對華政策之演變，由於兩岸長期分治逐漸為學界所淡忘或刻意忽略：1949 年政府撤館前夕，吳俊才於新德里完成《印度獨立與中印關係》書稿，隔年於香港出版，羅家倫為之作序，大嘆國人對現代印度缺乏認識，「對於印度獨立運動也只是憑我們的正義感、傳統友誼，以純潔的感情，作不顧自身利害的決策去應援的」，未能深入了解其企圖、實質策略與變遷。吳俊才雖能消化吸收大量文獻、內容充實，並兼述其當下目睹體驗，彌足珍貴，然而因時空限制，所見畢

---

11 瑪妲玉（Madhavi Thampi）撰、方天賜譯，〈1943-1949 年期間印度駐華使節對中國變動情勢的觀察〉、方天賜，〈羅家倫出使印度評析〉，收入謝小岑、方天賜主編，《二十世紀前半葉的中印關係》（新竹：國立清華大學出版社，2015），頁 99-110、111-127。

12 Xiaoyuan Liu, "Friend or Foe: India as Perceived by Beijing's Foreign Policy Analysts in the 1950s," *China Review* 15:1 (Spring, 2015), pp. 117-143.

竟難以全面。[13] 近年來，隨著亞洲崛起、中印爭雄，中印關係研究頗受注目：一方面，《蔣中正日記》等重要史料公諸於世，抗日戰爭史受到重視，聚焦於抗戰時期國府大國意識與外交戰略下的中印與尼蔣關係發展；另一方面，歐美及兩岸學界從冷戰架構下探討中華人民共和國與印度共和國之關係發展，運用新開放之政府檔案史料，尤其關注美、蘇、英等大國因素影響，以及自 1950 年代至今尚未得解的邊界爭議與戰爭遺緒。[14] 對於印度獨立前後與中華民國漸行漸遠、最終選擇承認北京，則以國際政治現實下蔣視尼背信忘義的個人情感層面簡略評述，相關學術研究仍很少見。[15] 至近年兩岸學界方興未艾的冷戰國際史研究，多以美蘇對華政策、兩岸分治後各自周邊國家關係為主。[16]

三、編輯內容

本套書廣泛蒐集取材中華民國政府因應印度獨立，

---

13 吳俊才，《印度獨立與中印關係》（香港：中印學會，1950）。

14 John Garver, *Protracted Contest: Sino-Indian Rivalry in the Twentieth Century* (Seattle: University of Washington Press, 2002); Paul M. McGarr, *The Cold War in South Asia: Britain, the United States and the Indian Subcontinent, 1945-1965* (Cambridge: Cambridge University Press, 2013); 張敏秋主編，《中印關係研究（1949-2003）》（北京：北京大學出版社，2004）。

15 林孝庭，《臺海·冷戰·蔣介石：解密檔案中消失的臺灣史（1949-1988）》（臺北：聯經出版公司，2015），頁 241-242。

16 舉其要者如：楊奎松主編，《冷戰時期的中國對外關係》（北京：北京大學出版社，2006）；沈志華、唐啟華主編，《金門：內戰與冷戰：美、蘇、中檔案解密與研究》（北京：九州出版社，2010）；林孝庭，《困守與反攻：冷戰中的臺灣選擇》（北京：九州出版社，2017）。

於對印關係決策形成過程之原始檔案，包括國史館、中央研究院近代史研究所檔案館、中國國民黨文化傳播委員會黨史館等國內主要典藏機構庋藏而尚未出版之公文書為主，依據印度獨立與中印關係發展所涉八項議題分章整理，並就資料性質與篇幅所限，選取重要相關者，少數由已出版資料作必要補充，[17] 依文件產生時間輯錄成冊，並一律註明出處。以下就內容重點及資料來源，概述如次。

（一）中印建交

主要蒐錄自國史館庋藏《蔣中正總統文物》收入〈革命文獻—對英、印外交〉、〈一般資料—黨國先進書翰（一）〉，《國民政府檔案》收入〈印度駐華使領任免〉、〈國民政府公務員資格銓敘（一）〉，《外交部檔案》收入〈印度駐華專員 Sir Muhammad Zafrulla Khan（薩福寶）等任內〉、〈印度駐華外交人員動態〉、〈印度及緬甸駐華領事官員動態〉、〈蔣中正捐助印度佛學會印幣一萬盾〉、〈甘地被刺逝世〉、〈我於喀什米爾首府什利拉加設領館〉，中研院近史所檔案館庋藏《外交部檔案》收入〈中印問題〉、〈印度在喀什噶爾設領及我擬在噶倫堡設領案〉等各卷。內容包括印度獨立前夕中印雙方使節升格協議暫緩公布，印度臨時政府成立後中印任命首任大使，蔣中正透過沈宗

---

17 主要來源為：羅家倫先生文存編輯委員會編，《羅家倫先生文存》（臺北：國史館、中國國民黨黨史館，1976-1989）。

濂、羅家倫與尼赫魯、甘地之互動，至印度獨立初期召回梅農由潘尼迦繼任駐華大使，為甘地遇刺致唁，以及國府擬於克什米爾首府設領遭拒，惟同意印度將駐上海領事館升格為總領事館之設領交涉等各節。

（二）印巴分治

　　主要蒐錄自國史館庋藏《蔣中正總統文物》收入〈革命文獻—對英、印外交〉、〈積極治邊（七）〉，《國民政府檔案》收入〈邊境動態〉，《行政院檔案》收入〈行政院會議議事日程（第一四至一七次）〉，《外交部檔案》收入〈我於巴基斯坦設使領館〉、〈巴基斯坦在疏附設領及我國擬在巴國品地設領〉、〈我於喀什米爾首府什利拉加設領館〉、〈巴基斯坦政情（一）〉、〈巴基斯坦外交人員動態〉、〈印度及緬甸駐華領事官員動態〉、〈我國支持巴基斯坦及緬甸加入遠東委員會〉，中研院近史所檔案館庋藏《外交部檔案》收入〈印度在喀什噶爾設領及我國擬在噶倫堡設領案〉等各卷。內容包括巴基斯坦獨立前夕政府同意巴政府建議中巴交換專任大使，印巴分治後土邦坎巨提先是請求歸附中國、後改而歸附巴國之交涉經過，印、巴先後要求在新疆疏附設領，政府順向印、巴分別要求在噶倫堡、拉瓦品地設領未果，仍同意印、巴於疏附設領並爭取互惠諒解，以及政府對巴國聲請加入遠東委員會案以延緩策略應對等各節。

（三）印度發起亞洲各國關係會議與合作組織

　　主要蒐錄自國史館庋藏《國民政府檔案》收入〈泛亞洲會議〉、〈派員參加國際會議〉，《蔣中正總統文物》收入〈革命文獻—政治：邊務（二）〉，《外交部檔案》收入〈全印度青年會舉辦亞洲青年大會〉等各卷，國民黨黨史館庋藏《特種檔案》全宗，中研院近史所檔案館庋藏《外交部檔案》收入〈印度建議成立亞洲國家合作機構徵詢我國意見事〉等各卷。內容包括印度國際大學中國學院院長譚雲山、國民黨中央黨部秘書長吳鐵城、外交部部長王世杰、考試院院長戴傳賢等呈蔣中正有關尼赫魯支持民間團體印度國際時事研究會發起首屆亞洲各國關係會議中國參加與否、代表團人選及經費等研議意見，政府對西藏受邀正式派代表參加甚且另製國旗於會場中懸掛之抗議交涉，第二屆會議原訂於二年後在中國舉行，因國共內戰加劇未果；其次，印度社會黨擬開會並組亞洲社會黨集團，羅家倫認恐發生重大影響提出警示，惟亞洲社會黨會議未幾因故無定期展緩；復次，全印度青年會舉辦亞洲青年大會，由青年、社會、教育三部籌備，統用中印學會名義參加；最末，印度以 1949 年新德里亞洲會議決議，積極籌組亞洲區域組織並徵詢各國意見，外交部條約司等之研議意見及答覆等各節。

（四）西藏問題

　　主要蒐錄自國史館庋藏《蔣中正總統文物》收入〈革命文獻—政治：邊務（二）〉、〈積極治邊

（七）〉、〈一般資料－民國三十六年（十一）〉，
《國民政府檔案》收入〈國民大會代表選舉事務案
（十八）〉，《外交部檔案》收入〈藏案紀略〉、〈廢
除中英關於西藏之不平等條約〉、〈西藏派商務考察團
赴英美等國活動（一）〉等各卷。內容包括駐藏辦事處
處長沈宗濂呈英人謀藏實況及運用外交穩定西藏說帖，
國防部保密局、第二廳等呈英、印對藏邊境窺蝕、策動
西藏獨立、供給軍火等情，蔣中正電飭外交部檢討中英
印藏關係，駐藏辦事處兼代處長陳錫璋電陳對印度獨立
後西藏政情意見；其次 1947 年拉薩政變熱振遇害後政
府之應對，羅家倫呈蔣國民大會會場西藏代表等力謀結
合之邊疆問題紛擾情形及應付意見；復次西藏政府派夏
古巴等以商務考察為名赴英、美乞援並尋求獨立，先抵
印度訪晤甘地、尼赫魯等情；最末西藏政府驅逐國府中
央駐藏人員，政府高層之指示、羅家倫與梅農之談話及
相關處置等各節。

（五）邊界問題

　　主要蒐錄自國史館庋藏《蔣中正總統文物》收入
〈革命文獻－政治：邊務（二）〉、〈中央情報機關
（四）〉，《外交部檔案》收入〈廢除中英關於西藏
之不平等條約〉，中研院近史所檔案館庋藏《外交部
檔案》收入〈中印界務問題〉等各卷。內容包括駐藏
辦事處電陳解決印藏邊境問題意見，外交部、蒙藏委
員會、內政部之核議決議辦法，經行政院核定中印（康
藏印）界務交涉俟雙方訂約後再議，邊界資料由該三

部會蒐集以為將來交涉依據，並會同有關機關勘查界務；其次蒙藏委員會、外交部等對印度續修康藏邊境路與商併錫金、不丹等邦之情報與會商討論；最末外交部召集各有關機關決議組織中印東段邊界問題研究小組會議紀錄、計畫綱要，以及行政院指示外交部、蒙藏委員會，為廢止藏印條約有關西藏交涉事項，應列陳中央統籌辦理等各節。

（六）印巴僑務、商務、黨務

主要蒐錄自國史館庋藏《外交部檔案》收入〈印度僑務〉、〈遣送及救濟留印難僑〉、〈國大代表李渭濱請改善印度僑務及僑民拘留期限〉、〈各地華僑待遇資料〉、〈廢除中英關於西藏之不平等條約〉、〈劉翼凌被印度迫令離境等〉、〈向印度政府洽購麻類等〉、〈印商 Beharilal（拜益艾拉力）洽商印度新疆貿易〉、〈巴基斯坦商務代表團將來華洽商易棉〉，中研院近史所檔案館庋藏《外交部檔案》收入〈中印（印度）商約〉等各卷。內容包括僑務方面安頓留印海員與遣送南洋各地撤僑及流落印境難僑之有關交涉，第一屆印度僑民國大代表李渭濱陳述印度僑況改進意見，駐加爾各答總領事館編「旅印華僑須知」；商務方面中印友好通商航海條約草案之議訂，與印商、巴國商務考察團等洽商貿易；黨務方面為國民黨駐印度總支部書記長劉翼凌被印度政府無故勒令限期離境之交涉過程等各節。

（七）救濟新疆撤退入印巴人員

　　主要蒐錄自國史館庋藏《蔣中正總統文物》收入〈革命文獻—政治：邊務（一）〉、〈西藏問題（五）〉，《外交部檔案》收入〈協助因蒲犁事件進入印度之民兵〉、〈救助新疆入印僑民穆罕默德伊敏等〉、〈救濟滯留印巴之新疆撤退人員返臺（一）〉等各卷。內容包括 1945 年下半年新疆蒲犁縣保安隊及警察局等 20 餘人被迫退入印境，其間外交部、軍令部、新省政府之協同調查，以及駐印使領館為該等人員之暫時居留、費用、返回原籍等安排與印政府交涉經過；其次印度政府持續要求政府清還借予入印度避難軍民之生活費及回國旅費等；末了 1949 年秋新疆事變前後，主要計有國防部保密局駐新疆人員，駐防新疆原主戰後協議出走之馬呈祥、葉成等所領各軍官兵，胡宗南所部官兵，駐蘭州空軍中隊隊員，前主席麥斯武德及堯羅博士、艾沙、伊敏等新疆省府官員，以及國民黨駐甘新之中央黨部等機關人員，或繞道巴基斯坦、或穿越克什米爾等源源轉入印度，經駐印使領館辦理救濟及遣送赴臺事宜等各節。

（八）印度承認中共與政府後方布置

　　主要蒐錄自國史館庋藏《蔣中正總統文物》收入〈革命文獻—對英、印外交〉、〈革命文獻—對聯合國外交〉、〈革命文獻—蔣總統訪菲〉、〈訪問印度（一）〉、〈對美關係（五）〉、〈對韓菲越關係（二）〉，《外交部檔案》收入〈印度及緬甸駐華領

事官員動態〉、〈我於巴基斯坦設使領館〉、〈人事
處雜卷：三十八年〉、〈巴基斯坦政情（一）〉、〈各
國擬承認中共政權〉等各卷，國民黨黨史館庋藏《一
般檔案》全宗，中研院近史所檔案館庋藏《外交部檔
案》收入〈駐印大使館撤退及結束案〉、〈我駐印巴
秘密聯絡員〉等各卷。內容包括 1948 年以降美蘇陣營
對立、國共內戰白熱化下，政府與印度政府於聯合國
及亞太區域事務之立場異同與競合，主要歷經南北韓
分裂、克什米爾停火協議、遠東反共結盟等，其間印
政府對承認中共事已傾向現實態度；至 1949 年春共軍
南渡長江，政府為勢將西遷，且巴基斯坦反蘇反共立
場，積極尋求與巴國互換使節，並籌劃開闢中巴國際
路線；10 月中共建政後，印度持自主原則，決速承認，
政府之相關觀察與應對，除電尼赫魯勸告、發動輿論
反對、考慮派員赴印協商，外交部備擬絕交照會，與
此同時羅家倫並奉准留置秘密聯絡員，與印方密洽及
相關人事費用安排；最末印度於 1949 年底正式承認中
共，羅家倫奉命對印度僅聲明撤館、不言絕交，並應
儘速撤館，羅等於次年 1 月下旬離印赴臺，以及後續
處置餘款與在印華軍公墓等各節。

　　本套書為能提供各界原始資料，從宏觀視角及脈
絡，研析印度獨立前後中印關係轉折及延續之核心議
題、關鍵因素，及其於兩岸分治後中臺印關係發展與亞
洲冷戰史的影響作用，特別是冷戰初期面臨美蘇在亞洲
形成對峙、國共勢力消長，與中印之間的多邊應對與連

動性，期能以史料為據、從史實出發，思考政府對印關係的承先啟後意義。[18] 全球化衝擊下，外交史研究從而著重全球議題與國際互動交往，回顧冷戰初期的中印關係發展，政府從「聯印制蘇」、「先印後巴」到「聯巴制印」以維反蘇反共立場的外交策略轉換，其間各方民族主義思維所具國際主義與孤立主義的本質異同，泛亞洲主義訴求文化統合、亞洲一體的政治意識，去殖民與後殖民社會變遷過程中的斷裂與延續，亞洲反共聯盟與不結盟運動的萌發及對立等等，對於理解當今亞太國際政治現實、區域衝突與和平維繫，或仍有相當啟發性。

---

18 筆者曾有概要討論，參見〈國民政府與印度的歷史互動回顧——以印度獨立前後中印關係演變為中心〉，《印度區域經貿文化及產學資源中心刊物》，第 9 期（2018 年 7 月），頁 15-19。

第一章　中印建交

第一節　印度獨立前夕

1. 外交部呈行政院為英國政府建議將駐華英屬印度專員地位提升至全權公使地位（1945 年 12 月 3 日）

准英國大使館代辦華麟哲十一月二十九日照會，以英國政府對於駐渝印度專員之地位問題，曾予考慮，經決定為一般的利益起見，在取得中國政府同意之條件下，應將該專員地位提升至全權公使之地位。倘使中國政府因此欲將其派駐印度代表之地位作同樣之升格，英國政府對於中國政府簡派全權公使一員駐印一節，當予同意。再此項升格之計劃，在取得中國政府同意之前，不對外公開，中國政府對於英國政府擬將印度駐渝升格為全權公使一節，是否同意，請查復等由。查中印兩國地處鄰邦，雙方文化交流感情融洽，我國對印度獨立運動，素具同情。今英方提議我與印度互派公使，實無異自行提高印度之地位，以後我與印度可作直接之交涉，無須經轉英方，自屬於我有利，似可予以同意。且我在抗戰期間，印度為我通海必經之路，對我軍需民用物品之運輸，頗多便利。若由我國與印度最先交換使節，正是紀念此戰時友誼在和平時期之賡續。所有對英方提議將印度駐華專員升格為公使一節，是否可予同意，理合呈請鑒核。又我方倘若同意，則我國駐印專員之地位，自應連帶升格為全權公使之地位，併祈鑒察。

謹呈行政院。

〈印度駐華專員 Sir Muhammad Zafrulla Khan（薩福賚）等任內〉，《外交部檔案》。

2. 行政院指令外交部英屬印度駐華專員及中國駐英屬印度專員升格為公使案（1945 年 12 月 14 日）

令外交部：

三十四年十二月三日禮 34 字第一一七三二號呈，為英國政府提議將印度駐華專員升格為公使，似可同意，並擬將我國駐印專員升格為全權公使由。呈悉，案經提出三十四年十二月十一日本院第七二四次會議，決議通過。除呈國府備案外，仰即知照。此令。

〈印度駐華專員 Sir Muhammad Zafrulla Khan（薩福賚）等任內〉，《外交部檔案》。

3. 英屬印度駐華專員公署致外交部節略擬派駐滬代表由譯文（1946 年 1 月 21 日）

印度駐華專員公署茲向外交部致意並聲述：

查 MR. BAHADUR SINGH 先生茲已受任為本專員駐滬代表，處理滬市印籍居民事宜，相應函請查照，並請轉達市政府給予便利為荷。

〈印度駐華外交人員動態〉，《外交部檔案》。

4. 外交部致英屬印度駐華專員公署節略為復擬派駐滬代表事礙難同意由（1946年2月6日）

外交部茲向印度駐華專員公署致意並聲述：

接准一月廿一日第一一七號節略，略以擬派專員公署隨員 MR. BAHADUR SINGH 為印度專員之駐滬代表，以處理滬市印籍居民事宜等由。查上海非國都所在地，未便駐紮外交代表。印度駐華專員公署如欲處理僑務，自可遣 MR. BAHADUR SINGH 以隨員資格暫時留滬，公畢即行返署，勿用駐滬代表名義。相應略復，即希查照為荷。

〈印度駐華外交人員動態〉，《外交部檔案》。

5. 沈宗濂函陳布雷、陳方呈報英方嫉視西藏派遣代表出席國民大會等情及望樹立對印政策以聯印防蘇意見（1946年2月26日）

布公、芷公鈞鑒：

昨奉馬電，頃奉養電，均敬悉。此次西藏派遣代表出席國民大會，英人異常嫉視。在離薩之前，曾邀集全體代表詰問，是否參加國大；並聲言如果參加，係違反辛姆拉條約第四款「西藏不派代表參加中國國會或類似性質之團體」之規定，英國不能容許。當時西藏代表含糊答覆，謂赴中國之主要任務，為慶賀勝利，是否參加國大，須到時聽候藏政府命令。數日後錫金行政長官霍金森復致噶廈公文聲稱：「如果西藏派遣代表赴英國慶賀，印政府可準備自新德里往返倫敦飛機。」宗濂得訊即親訪噶倫，極力阻止。此次西藏代表遊新德里，恐英

人復申前請，尚須警備。宗濂遵諭於本晚乘車赴新。藏
代表離印日期昨日商定為四月五日，因船位難定，已決
乘飛機。如屆時政府已回京，即由加直接飛京，治裝費
當候主席批示後再發。印度革命運動日益普遍，海陸軍
士參加者甚眾（印籍陸軍有二百萬人），一旦暴發英人
必無法制止。尼赫魯近有宣言：「謂世界有強國資格
者，僅美、蘇、中、印四國。」中印毗鄰，防蘇似有聯
印之必要。近年中國與印度革命領袖似疏聯繫，二中全
會時，望二公領導樹立對印政策，庶印度獨立後可作吾
國後援也。餘容續陳，蕭叩崇綏。

職宗濂謹上

卅五、二、廿六

加爾各答

〈西藏國大代表問題處理（一）〉，《國民政府檔案》。

6. 英國駐華大使館致外交部照會關於中印使節地位互升事請暫勿發表由譯文（1946 年 2 月 28 日）

逕啟者：

接准貴部長十二月十九日來照同意中印兩方外交代表之
地位互升為全權公使一節，英王陛下政府現敬建議，倘
經貴國政府贊同，有關各方宜暫緩將此協議公布。英王
陛下政府不久將奉告貴國政府進一步之建議，以便為協
合之宣告。

英王陛下政府敬盼此建議可為貴國政府同樣接受，並希
賜復證實貴國政府同意將上述外交處置之任何公布展延
至中國、印度及聯合王國各政府將來互相同意之日期。

本大使順向貴部長重表敬意。

此致中華民國外交部長王閣下。

薛穆

一九四六年二月廿八日

〈印度駐華專員 Sir Muhammad Zafrulla Khan（薩福賚）等任內〉，《外交部檔案》。

7. 外交部致英國大使館照會為復聯合王國政府提議中印雙方使節升格協議暫緩公布一節中國政府表示同意由（1946 年 3 月 16 日）

逕復者：

接准貴大使二月廿八日照會，以關於中印雙方代表之地位，互升為全權公使一節，業經本部照復表示同意。聯合王國政府建議，如經中國政府贊同，擬請有關各方暫緩宣布此項協議，應俟中國、印度及聯合王國各政府將來商定相互同意之日期後再行公布。聯合王國政府甚盼此項建議可為中國政府所接受，並希見復，俾資證實等由。本國政府對於上述聯合王國政府之建議，表示同意。相應照復，即請查照為荷，本部長順向貴大使重表敬意。

此致英國駐華特命全權大使薛穆爵士閣下。

〈印度駐華專員 Sir Muhammad Zafrulla Khan（薩福賚）等任內〉，《外交部檔案》。

第二節　印度臨時政府時期

1. 沈宗濂密呈王世杰條陳蔣中正諭示面達尼赫魯之事務（1946年11月12日）

極機密。

謹呈雪公部長勛鑒：

主席諭示面達印度國務總理尼赫魯之事務：

一、關於中印邦交者：中印均為愛好和平民族，聯合足以奠世界和平基礎，抵抗任何威脅（尤其北來之威脅）。但二國均不強，目前需要最少十年之內部和平統一。希望中印協力促成統一，互助建設。

二、關於西藏者：西藏在地理上、歷史上、民族上、宗教上與中國不可分離，如同印度境內之土邦不可與印度分離。希望印度不行繼續舊時英人之離間政策，致阻礙中印之友誼。

三、關於不丹、錫金及尼泊爾等高原國家，希勿任令英國帝國主義遺留於不丹、錫金及尼泊爾，以威脅中國及印度邊省。

職沈宗濂謹錄呈

卅五、十一、十二

〈中印問題〉，《外交部檔案（近）》。

2. 外交部呈行政院為印度擬遣梅農為首任駐華大使徵我同意我方似可予以同意請鑒核示遵由（1947年1月6日）

查中印使節業已同時升格，惟雙方尚未派遣大使。頃據印度大使館代辦赫善聲稱：印度政府擬遣梅農（K. P. S. Menon）為首任駐華大使，徵我同意等語。查梅農前任印度駐華專員公署專員，在職期間，頗能促進中印之邦交，我方似可予以同意。是否有當，理合呈請鈞院鑒核示遵為禱。

謹呈行政院。

〈印度駐華專員 Sir Muhammad Zafrulla Khan（薩福賚）等任內〉，《外交部檔案》。

3. 外交部致印度駐華大使館照會為復中國政府對任命梅農為駐華大使表示同意由（1947年1月11日）

巡復者：

准貴代辦去年十二月卅一日照會內稱貴國政府擬遣梅農（K. P. S. Menon）為駐華大使徵求同意等由，中國政府對於此項任命，業已同意，相應照復，希查照為荷。

本部長順向貴代辦重表敬意。

此致印度駐華大使館代辦赫善先生。

〈印度駐華專員 Sir Muhammad Zafrulla Khan（薩福賚）等任內〉，《外交部檔案》。

4. 行政院呈國民政府呈報印度政府擬派梅農為首任駐華大使案業經院會通過（1947 年 1 月 13 日）

外交部呈稱：

查中印使節業已同時升格，惟雙方尚未派遣大使。頃據印度大使館代辦赫善聲稱，印度政府擬遣梅濃（P. S. Menon）為首任駐華大使，徵我同意等語。查梅濃前任印度駐華專員公署專員，在職期間頗能促進中印之邦交，我方似可予以同意。是否有當，理合呈請鈞院鑒核示遵等情。經提出本年一月八日本院第七七一次會議決議：「通過」。除指令外，理合呈報鑒核。

謹呈國民政府。

〈印度駐華使領任免〉，《國民政府檔案》。

5. 國防最高委員會秘書廳函國民政府文官處為特任羅家倫為駐印大使一案業奉常會追認復請查照轉陳（1947 年 3 月 28 日）

准貴處三十六年三月八日處字第一五九五號函，為遵批轉送特任羅家倫為駐印大使一案，業經陳奉國防最高委員會第二百二十五次常務會議，決議：「追認」。相應函復，即請查照轉陳為荷。

此致國民政府文官處。

〈國民政府公務員資格銓敘（一）〉，《國民政府檔案》。

6. 印度駐華大使梅農呈遞國書頌辭譯文（1947 年 3 月 29 日）

主席閣下：

回憶三載以前，本人以印度駐華專員資格辱蒙惠予接見，時僅閣下就任主席後之數小時也。本人茲以印度駐華大使資格得向閣下親遞到任國書，曷勝榮幸，本人名義之變更足徵敝國已向獨立之途而邁進。

閣下於一九四二年偕賢淑之夫人訪問印度時，曾就敝國之政治前途發展如下之願望：「余對盟邦英國政府特致誠摯之期待，余且深信我盟邦之英國，必不待人民有任何之要求，而能從速賦予印度國民，以政治上之實權，俾能發揮精神與物質無限之偉大力量。印度此次參戰固為求取反侵略民主陣線之勝利，實亦為其本身自由之得失，有莫大之關係。」閣下所表示之願望，現已在逐步實現之中，臨時政府現方處理國家之事務，且英國結束其在印統治之期亦已確定。印度之外交政策，在尼赫魯領導之下，已日漸具體化，尼赫魯君固閣下所素識者也。

印度外交政策之主要目標之一，將永為與其偉大之鄰邦中國，促進最友好之關係。歷史業已昭示吾人，鄰邦固非必友好，且往往適得其反。但在中印關係之長期歷史中，從未有戰爭之事，即邊境之爭執幾亦無之。不寧惟是，在生活之藝術方面，中印合作，自古亦然。印度及中國之每一學童，均知中國僧侶不畏長途跋涉之危險艱難，遠赴印度以求真理，及印度賢哲將佛教之火炬攜入中土之故事。余於一九四四年亦曾循此輩先哲之故道，

攀越中央亞細亞之山嶺，橫貫新疆之沙漠與草地，而作數百英里之旅行。當此之時，余對中國幅員之遠闊及其精神方面之偉大，尤其對於中印兩國堅韌之聯繫，因而獲得更為明確之認識。

中印兩國間此種建立於古代之友誼，經千餘年之停滯，現復生氣蓬勃。昔日之創造奇蹟者為宗教，今則為科學。橫亙於貴我兩國間之喜馬拉雅山，科學已征服之。中印兩國之互相倚賴，已因戰時之迫切需要而證實。中印親善，有一較深且更具永久性之原因，即中國一九一一年之革命與印度三十年來之革命在實質上極相類似是也。印度革命雖不藉武力，然其力量初不因而稍減。中印兩國之革命，將使全球人類之半數均受其惠。惟此兩大革命，雖有閣下在中國之輝煌領導及敝國諸領袖之努力與犧牲，尚未完全成功。如欲成功，必須使中印兩國之九萬萬人民完全了解「三民主義」── 民族主義、民權主義及民生主義 ── 之利益。在此多難之世界中，如中印兩國俱能忽視宗教及思想方面暫時之分歧，並肩屹立，以謀國家之強盛，團結與獨立，是誠亞洲之安定及世界和平最佳之保障，此余所深信而不疑者也。余將抱此信念而執行印度首任駐華大使之職務，余之敬愛中國與中國人民，固不減於余之敬愛印度與印度人民也。

〈印度駐華專員 Sir Muhammad Zafrulla Khan（薩福貴）等任內〉，《外交部檔案》。

7. 蔣中正對印度駐華大使梅農呈遞國書答辭（1947年 3月29日）

大使閣下：

閣下奉英王喬治六世陛下之命，榮任印度駐華特命全權大使，茲承親遞到任國書，接誦之餘，無任愉快。

中國人民對於印度爭取自由之奮鬥，向表同情。英國結束其在印統治之期既已確定，則印度人民三十年來繼續不輟之努力終將獲得完全獨立之報酬，是誠本主席不能不與貴國人民共表衷心之慶幸者也。

中國人民抵抗日本之侵略，時歷八載，其愛好自由與正義之心已為舉世所共喻。新憲法頒布之後，中國已向實現民主理想之目標而邁進。閣下頃謂中國與印度之革命，必須使貴我兩國之九萬萬人民均能了解三民主義之利益，始克成功，允屬至當。中印文化之交流，實肇端於古代，故在宗教及哲學方面，中印兩國之思想頗多相同之點。貴我兩國既具相同之理想，而人口復幾占全人類之半數，若能並肩屹立，強盛而團結，則對於世界和平及人類幸福自將有決定性之影響也。

閣下前任印度駐華專員，對於中印友誼之促進，業已勳勞卓著。今茲榮膺印度首任駐華大使之職，本人深信閣下對於中印兩國間友好關係之加強，必能作更大之貢獻也。閣下重臨敝國，本主席至表歡迎。本人及中國政府自將予閣下以充分之協助，俾克完成崇高之使命，此本主席可向閣下保證者也。

本人並願藉此機會，敬祝印度人民幸福無量與繁榮昌盛。

〈印度駐華專員 Sir Muhammad Zafrulla Khan（薩福賚）等任內〉，《外交部檔案》。

8. 蔣中正函尼赫魯深願中印互相勗勉益敦友誼（1947年4月19日）

尼赫魯先生閣下：

睽別多時，殊切懷念。印度獨立之希望，實現有期，閣下之英勇奮鬥，良堪敬佩。我中印兩大民族對於鞏固世界和平，發揚亞洲光輝，實負有重大之責任。深願互相勗勉，益敦與彼多年之友誼。茲囑羅家倫大使攜函奉謁，致懇摯之問候。謹祈鑒照，祇頌健康。

蔣中正

〈革命文獻—對英、印外交〉，《蔣中正總統文物》。

9. 羅家倫函蔣中正即起飛赴印離國前對國土安全之建言（1947年5月1日）

總裁鈞鑒：

拜別鈞顏，無任繫慕。今日中午即起飛赴印，於離國前之一瞬，對國土安全，仍不能不披瀝一言。即張文白兄建議以麥斯武德主新，此事如行，新局將不堪設想。麥君對中央態度，在新言動均甚明顯，豈可掩盡天下人耳目！文白兄豈可為自己求脫身，為求漂亮作風，而任意主張，將新疆一送了事？新疆行政權一交出，則再難收回，此不能不慎之於始；行政與軍隊分離，在新地勢上，雖重兵亦無辦法也。總之，目前新政斷不能交與他族，如文白兄求去，則陶峙岳老成持重；郭寄嶠幹練沉

著，均可膺疆寄。為國土、為資源，此決非客氣之事，而為歷史上的責任問題，為民族將來生存問題，敬舒忠悃，伏乞鈞座鑒察採擇，國家甚幸！專肅，敬叩鈞安！

職羅家倫敬呈

五月一日

〈一般資料—黨國先進書翰（一）〉，《蔣中正總統文物》。

10. 羅家倫任駐印度大使呈遞國書典禮頌詞（1947年5月16日）

閣下：

中華民國國民政府主席命本人為中華民國駐印度特命全權大使，向印度皇帝陛下遞呈國書，實為本人最大之榮幸，中國與印度交換外交使節，不特為印度獨立進程之標誌，抑且為中印更須密切合作時代之新頁。

遠在二千年前，中國與印度由陸路或海道在若干時期常有接觸，然此種接觸，從來不曾引起軍事的衝突，而常屬於真理與知識之追求，此余之所樂為稱道也。從公元一世紀以來，中印兩方之高僧學者，不惟艱險困苦所阻，遠涉雪嶺流沙，相與尋求宗教與知識之啟悟，其英勇之故事，彰彰俱在，無須追述，即時至今日，吾人讀至玄奘西行之記載，及其在印度所受熱忱之優禮，感羨之情緒，猶不禁洋溢留戀於胸中。

吾人雖追溯既往，但對於最近事實之重要性，仍覺不能忘懷。當中國抵抗日本侵略戰爭劇烈之時，印度不僅予吾人以深切的同情，及道義的支持，且予吾人以實際的援助，與共同的協力，吾人特別感謝印度為吾國在印受

訓之數萬武裝部隊，供給適當之地點，與各項便利，於
吾國飛越駝峰之空運彌感力量單薄之際，更無保留地貢
獻一切，為中國開闢陸運路線，使軍用品得以運入後
方，完成最後勝利。在今日之場合，余更願提出蔣主席
與夫人於一九四二年訪問印度時所奠定之友誼，及其以
後中印間繼續不斷的在科學教育與宗教方面之合作。

余受命為中國首任駐印大使，實屬一大榮譽，吾國全國
人民對印度之將來有充分之信心，且認定東方之智慧與
西方政治組織之藝術相輔而行，必獲圓滿之成功，中國
與印度共同努力以完成建立世界和平之共同任務。

公元前十二世紀中國周朝興起，文教昌明，當時有兩句
古詩稱頌道：「周雖舊邦，其命維新。」余願以此兩句
古詩，轉贈印度全體人民，以為中國對印度信心與友誼
之信念，當蒙閣下首懇也。

在余履行使命之時，深盼吾國與印度之友誼的聯鎖，愈
加密切，愈加強固，並深盼閣下與印度政府推愛，隨時
予以教益及協助。

《羅家倫先生文存》，第六冊演講，頁 726-727。

11. 羅家倫函蔣中正訪尼赫魯及與甘地晤談情形甘地並主動表示願來華訪晤（1947 年 6 月 3 日）

總裁鈞鑒：

拜別後於五月五日安抵新德里，七日拜訪尼赫魯，首為
鈞座致意，並致尊函。彼連看兩遍，甚為感激。對於中
印合作，表示甚為親切。來印後與彼晤談已經六次，彼
此間已經暢所欲言，毫無間隔。彼以為印回目前雖分，

三、四年後仍有重合可能，因經濟方面巴基斯坦恐難自成單位也。甘地近來新德里，於五月三十日至賤民區往訪，尼赫魯偕其妹陪往。甘地未曾將紡紗機置於身旁，毫無神秘態度及言論。當首代鈞座致意，並談及彼上次被捕時，鈞座對彼十分關切之情形，彼甚為感動，並云曾復鈞座一函，想已收到。彼有一重要表示，彼云：「美國屢次要請我去，我不願在甚囂塵上去湊熱鬧，我將來恐怕要去一下。就訪問中、美二國這件事讓我來選擇，我願意先訪問中國。」在彼作此表示時，態度誠懇，出於自動，家倫當即表示歡迎。當晚與尼赫魯談及此事，彼謂當此印局未定之時，甘地不易離開，至適當時期，彼終當訪華一次。故此事家倫當就地觀察情形，隨時電呈也。與甘地談話約半小時許，從中國情形談到古代哲學思想，甚為歡洽。最後囑代向鈞座致其誠懇之敬意，並以一切好意寄與中國。敬此轉呈，並請鈞安。

職羅家倫敬肅

六月三日

新德里

〈革命文獻—對英、印外交〉，《蔣中正總統文物》。

第三節　印度獨立初期

一、致賀與換使

1. 蔣中正電尼赫魯賀印度聯邦獨立及其復電（1947年8月14日）

尼赫魯閣下：

值茲印度人民慶祝自由新時代肇始之辰，本人對於閣下與貴國人民未來之光榮與偉大成功，特致最誠摯之慶祝，並對閣下與甘地先生奮鬥之偉績，致無上之敬意。本人深信一切為「獨立」、「平等」及「進步」而奮鬥之人民，均將因印度之成功，而獲得鼓勵。敬祝貴國建設成功，國運興隆。

尼赫魯復主席謝賀獨立電譯文：

敝國獨立之日，渥承賜電致賀，無任感謝。印度與中國自古以來即互相期許，互相鼓勵，敝國之自由獨立，將使兩國間固有之聯繫，更形加強，兩國民眾將同受裨益，即全世界之和平、民主及自由，亦均因而增進。

〈事略稿本—民國三十六年八月〉，《蔣中正總統文物》。

2. 蔡維屏電外交部部次長請賜轉印度佛學會致蔣中正及戴傳賢、朱家驊謝函由（1947年10月6日）

部次長鈞鑒：

前由蔣主席捐助印度摩可菩提佛學會基金印幣壹萬盾，該款已奉財政部本年三月十七日匯到，業於本年九月十七日該會創辦人誕辰紀念及建造中國院奠基典禮中，由職代為轉發該會。理合檢同領款收據一紙暨該會致主

席及戴院長、朱部長謝函各一件，隨電呈奉，敬祈分別
賜轉為禱。

職蔡維屏謹叩

〈蔣中正捐助印度佛學會印幣一萬盾〉，《外交部檔案》。

3. 外交部致國民政府文官處政務局公函請轉呈印度佛學會致蔣中正謝函由（1947 年 10 月 28 日）

據駐加爾各答總領事館代電稱：

前由蔣主席捐助印度摩可菩提佛學會基金印幣壹萬盾，
該款已奉財政部本年三月十七日匯到，業於本年九月
十七日該會創辦人誕辰紀念及建造中國院奠基典禮中，
由該館代為轉發該會。理合檢同領款收據一紙暨該會致
蔣主席謝函一件，隨電呈奉，敬祈分別賜轉等語。相應
檢同該會收據及原函，請查照並希轉呈為荷！

此致文官處政務局。

〈蔣中正捐助印度佛學會印幣一萬盾〉，《外交部檔案》。

4. 羅家倫電王世杰為印度政府決定年底召回梅農並由潘尼迦繼任（1947 年 12 月 13 日）

第 222 號。13 日。

南京外交部王部長鈞鑒：

回印後在加爾各答大學演講二次，並赴塔塤宣慰華僑。
十一日抵新德里，當晚赴蒙巴頓宴晤尼赫魯等。梅農決
定年底召回，先任外交部外交秘書，職同美國國務院
ASSISTANT SECREATRY OF STATE。三月後繼白寄
牌任外次。繼任駐華大使為 K. M. PANIKKAR，現任

BIKANER 土邦總理，牛津出身，多才幹、能文章，談
戰略及共產，為國民大會黨之智多星，而公超兄之好友
梅農之未來親家。梅曾兩次與倫商及此事，倫頗贊成。
現尼赫魯已正式商彼同意，不久可提。特先奉聞。

弟家倫

〈印度駐華專員 Sir Muhammad Zafrulla Khan（薩福貴）等
任內〉，《外交部檔案》。

5. 國民政府指令行政院據呈為印度政府擬任潘尼迦為 駐華大使請鑒核備案一案呈件均悉准予同意（1948 年 4 月 3 日）

指令。處字五九五。

令行政院：

三十七年四月二日卅七外字第一五七一一號呈，為據
外交部王部長函呈，以印度駐華大使梅農升任外次，
印度政府擬以潘律伽（Panikkar）為繼任駐華大使，
本部業已答覆同意，轉請鑒核由。呈件均悉，准予同
意，此令。

〈印度駐華使領任免〉，《國民政府檔案》。

6. 印度駐華大使潘尼迦呈遞國書頌辭譯文（1948 年 4 月 16 日）

主席閣下：

本人代表本國奉使偉大悠古之貴國，茲得呈遞到任國
書，殊為榮幸。貴我兩國人民向有之睦誼關係，實基於
相互之諒解。近年彼此外交關係之樹立，足為兩國政

治、經濟及文化關係增強之佐證。事實上對貴國發展友誼、諒解與同情合作，係印度外交政策主要目標之一。貴我兩國人口為數八萬萬，幾占全人類五分之二，吾人對於以和平理想處接國際問題及人類命運最高信心，實寄同感。

貴我兩國歷史長達數千年，目忱萬邦隆替與夫堅毅睦鄰及國際慈愛之勝利。兩國之協作，實為亞洲和平最重要之因素，亦係對於全人類幸福重大之貢獻。

本國獨立甫逾八月，亂起頻仍，歷盡艱厄，本國民族之父甘地先生之被刺，患禍益深，實為對於本國地位之威脅，惟吾人現已渡過波濤，漸躋於自由之國家，經此憂痛，新印度於國際社會中當能漸獲其適當之地位，本國憲法即將制定，對於貴國新憲之實施，無任欣注。

本人奉使期間，決當竭力增進兩國親睦之諒解及友善之協作。彼此因襲既同，且無嫉對，自能獲得貴我兩國之信賴。

謹代表本國政府及人民向閣下申致睦誼之頌。

〈印度駐華專員 Sir Muhammad Zafrulla Khan（薩福賚）等任內〉，《外交部檔案》。

7. 蔣中正對印度駐華大使潘尼迦呈遞國書答辭（1948 年 4 月 16 日）

閣下奉命為印度特命全權大使，蒞臨本國，茲特申致歡迎之至忱。

閣下所述各節，本人至深同感。甘地先生領導貴國復興大業，卒建自由之邦。今復由尼赫魯先生繼主國政，歷

年滄變，吾人目忱之餘，實寄以無限之關切。

貴我兩國關係密切，自古已然，兩國人民間除文化之交流外，並具有共同之政治理想，以及相互之諒解。吾人目前正面臨若干問題，有待個別以及集體之努力。

一九四二年余曾偕蔣夫人訪問貴國，深悉貴國人民之各種宏望。閣下此次來華，必能獲悉吾人對閣下歡迎之熱忱，以及對貴國人民之了解。

閣下聲望素著，此次代表貴國使華，吾人深感欣幸。閣下所述亟欲促進兩國向有邦交之企望，本人彌深同感。深信兩國間之合作關係，必將益臻密切。本主席暨本國政府對於閣下此次使華，定將予以協助，俾得達成使命，固可向閣下保證者也。

〈印度駐華專員 Sir Muhammad Zafrulla Khan（薩福賚）等任內〉，《外交部檔案》。

二、弔祭甘地

1. 羅家倫電王世杰並請轉呈蔣中正為甘地遇刺逝世旋訪尼赫魯向印度政府致唁並向甘地遺體致敬（1948年1月30日）

第二六六號。三十日。急。

南京外交部王部長並請轉主席鈞鑒：

三十日下午五時十分，甘地在寓所出席祈禱會，被一喬裝信徒，以自動手槍擊中胸部，半小時後逝世。六時，家倫即代表國家及元首，先訪尼赫魯，向印政府致唁。旋赴甘地死所，向遺體致敬，明日當親往送葬。此不幸事件影響將來印局至巨，目前尚不致有問

題，餘容續陳。

羅家倫

〈甘地被刺逝世〉，《外交部檔案》。

2. 蔣中正、宋美齡電尼赫魯聞甘地遇刺向其家屬及國大黨等致誠摯之弔唁（1948 年 1 月 31 日）

致尼黑魯唁電：

聞甘地先生遇刺逝世，無任驚悼。此一代主張非暴力主義、實現人類和平之神聖鬥士，竟遭暴力之摧殘，誠世界之悲劇，令人痛心。中國人民及我等謹向閣下、甘地先生家屬及國大黨與印度人民，虔致誠摯之弔唁。

蔣中正、蔣宋美齡

三十七年元月三十一日

〈革命文獻—對英、印外交〉，《蔣中正總統文物》。

3. 羅家倫電王世杰偕駐印度大使館館員送甘地喪為在場之唯一外國使節華僑數十人舉旗步行留中印友好之印象（1948 年 2 月 1 日）

第二六七號。1 日。

南京外交部王部長：

昨偕館員錢存典、糜文開赴火葬場，送甘地喪，並獻花圈，為在場之唯一外國使節。華僑數十人舉甘地精神不死旗，在行列中步行二十華里，留中印友好之印象。刺甘地者名 GODSE，係新聞記者，大印度教會 MAHASABHA 中份子，該會與國家服務團 RSS 兩組織，為印度教閗中右傾激烈派，仇視回教，反對甘地政

策。昨政府在孟買與彭拉逮捕嫌疑犯十餘人，該兩地民
眾暴動，搗毀該機關，並焚兇手有關報館，餘平靜。謹
聞，此電似可斟酌發表。

家倫

〈甘地被刺逝世〉，《外交部檔案》。

4. 駐印度大使館電外交部弔祭甘地各節業已照辦（1948 年 2 月 2 日）

第二六九號。2 日。

南京外交部：

一日下午奉禮二六五號三十一日電指示，弔祭甘地各
節，業於三十日晚及卅一日提前照辦，預合指示。張院
長及部長致尼赫魯唁電，當即轉出，今日均見報。主席
唁電見昨晚報。謹聞。

駐印度大使館

附註：禮賓司265號去電──聞甘地逝世弔唁事。機
要室註。

〈甘地被刺逝世〉，《外交部檔案》。

三、設領交涉

1. 外交部電駐印度大使館擬於克什米爾首府增設領館（1947 年 10 月 29 日）

駐印度大使館：

茲以新印貿易日繁，本部擬在喀什米爾首府什利拉加增
設領館一處，以利僑務，希徵詢彼方同意，並電部。

〈我於喀什米爾首府什利拉加設領館〉，《外交部檔案》。

2. 駐印度大使館電復外交部印度政府以克什米爾首府 設領須俟該邦加入印度後方可考慮（1947 年 11 月 29 日）

南京外交部：

十月二十九日西歐人字第二二三號電奉悉。迭電照會印
度政府准復稱，在喀什米爾首府設領，須俟該邦局勢澄
清及正式加入印度後，方可考慮。除將原函抄奉外，謹
先電聞。

駐印大使館

〈我於喀什米爾首府什利拉加設領館〉，《外交部檔案》。

3. 外交部致印度駐華大使館節略為印度擬將駐上海領 事館升格為總領事館及派員充任總領事可表同意由 （1948 年 2 月 13 日）

外交部茲向印度大使館致意並聲述：

接准印度大使館一九四八年二月二日第二二四號節略，
略以印度政府擬將駐上海領事館升格為總領事館，並
派 MR. E. S. KRISHNA MOORTHY 充任總領事，請
予同意等由。外交部對於印度政府將駐上海領事館升
格為總領事館及派 MR. E. S. KRISHNA MOORTHY
充任總領事各節可予同意。該總領事何時來華，尚希
先期告知，以便轉知有關機關。准略前由，相應略復，
即希查照為荷。

〈印度及緬甸駐華領事官員動態〉，《外交部檔案》。

4. 外交部致印度大使館節略印度派員充任駐滬領事可暫承認由（1949 年 4 月 13 日）

外交部茲向印度大使館致意並聲述。接准大使館本年四月十一日第 82(30)/49-CT 號節略，略以印度駐上海總領事葛墅摩天已於本年二月十日離華返印，又印度政府已派 MR. A. K. SEN 充任駐上海領事，請予暫行承認等由；業經閱悉。關於印度政府派 MR. A. K. SEN 充任駐上海領事一節，外交部可予暫行承認。至該員是否代理印度駐上海總領事館館務，應請大使館予以說明，又其所採用之中文譯名為何，尚希惠予開送外交部禮賓司，准略前由，除登記並通知有關機關外，相應略復，即希查照見復為荷。

〈印度及緬甸駐華領事官員動態〉，《外交部檔案》。

第二章 印巴分治

第一節 初期對巴關係

1. 羅家倫函蔣中正談印回分治及與巴方密談情形（1947年7月11日）

總裁鈞鑒：

前呈兩函，諒蒙鈞察。印局大致業經分定，僅有三大土邦，意欲獨立，尚未解決。工商要地多屬印方；產麥、產蔴區多屬回方。軍隊分隸之結果，印可得三十萬，回可得五萬，分後誰增誰減，尚不可知，當視其政策而定。回方人口可得七千萬，雖分西北與東南地區，要為世界上回教最大之國，不可忽視；況其西北一區接近蘇聯，為全印國防地帶。因國家利害上之需要，故倫於抵印後，除國大領袖外，並於不著痕跡中與真納及回盟要人取得聯繫。本月十日約現財長雅利康夫婦來大使館便餐，密談中國與巴基斯坦關係。彼在回盟地位，僅次真納，可能為巴方首任內閣總理。先由倫表示我政府對巴基斯坦好感，並謂俟其成立，即將承認。彼表示謝意。因美大使已公開表示美將承認，故我方不能太冷淡，失其好感也。彼稱中國與彼新國絕無利害衝突，且邊界將接，極願友好，以防第三國侵印。遂引其談對蘇問題，彼取敵視態度，謂蘇另有企圖，如阿富汗對將來屬巴方之西北邊省提出領土要求，係蘇聯指使；彼並批評尼赫魯與各國交好，對蘇交換使節將上當。當問其巴方是否將與蘇換使？彼云：否。僅擬與美、華、埃及、緬甸先

行換使，餘俟其國基穩固後再說。彼云，惟強盛之巴
國，方足抗蘇南侵，且足保證全印二國獨立，巴方戰至
最後一人，仍將與蘇抵抗。聽其表示，可知英方極力祖
巴，助其立國，不為無因。彼更吐露，彼將出任巴方外
長。當贊其對蘇態度，稱有先見之明；但須謹防印共黨
員滲透在巴政府或回盟內工作，即舉最近回盟報紙對新
疆問題誣我政府捏造事實與蘇尋釁，經莫斯科轉播為
例，並告以據印度新聞界相告，前述報紙之編輯二人，
即係共黨之說。彼表示即查明糾正，並約定此後有事，
可通秘密私信。巴方要人定八月五日赴卡拉基，十五日
成立政府。又最近倫迭次與尼赫魯及其妹潘迪特夫人
（新任駐蘇大使）談話，均係婉勸其對蘇俄預防，且告
以中國對蘇經驗，當可促其注意。總之，回盟亦曾對蘇
表示姿態，且曾引用印共黨員想係對英作要挾之勢，現
已成國，並為老謀深算之英國所輔掖而成，其間當有秘
密了解。至於印度方面，尼赫魯亦不致親蘇，惟彼在國
際政治上頗有抱負，恐其有時上當耳。臨行奉命注意回
盟對蘇態度，僅將接觸及觀察所得奉陳。敬頌鈞祺！

職羅家倫敬呈

七月十一日

新德里

〈革命文獻—對英、印外交〉，《蔣中正總統文物》。

2. 國民政府行政院第十六次會議臨時報告第一事項派員慶賀印、巴兩政府成立及巴基政府建議中巴交換大使案（1947 年 8 月 12 日）

外交部八月十一日呈稱：據駐印度大使羅家倫迭電報告，略以印度實行分治，印度政府與巴基斯坦政府定於八月十五日同日宣告成立等情。本部已電羅大使屆時代表政府就近向印度政府致賀，另讓駐加爾各答總領事蔡維屏屆時亦代表政府飛往卡拉基，向巴基斯坦政府致賀，並已以主席名義，擬致印度總督蒙伯敦勛爵、巴基斯坦總督真納之賀詞兩件，電交羅大使屆時分別轉致。

頃復據羅大使八月八日來電略稱：准巴基斯坦外交部來函稱：中巴交換大使曾向閣下提出討論，茲巴基斯坦政府請求中國政府正式同意，請於八月十五日以前見復，以便於該日雙方同時宣布，並於報紙發表。當詢美大使亦收到同樣一信，已電華盛頓建議照辦。此事內容曾與真納談及，真納表示駐印、巴大使應為二人，請即裁奪等語。查巴基斯坦政府建議與我交換大使，本人於上次國務會議已提出報告，主席詢問各出席委員，均表示可以同意。惟巴基斯坦政府一再表示，請我派專任大使。巴基斯坦雖為新興國家，究係東方回教大國，美國亦準備同意，我為表示好感，更未便遲疑，業已電復羅大使照辦。

以上派員分別向印、巴兩政府慶賀其成立及巴政府建議中巴交換專任大使各節，理合將辦理經過提出報告，敬祈鑒核等情到院，謹請鑒察。

〈行政院會議議事日程（第一四至一七次）〉，《行政院

檔案》。

3. 蔣中正電真納賀巴基斯坦獨立及其復電（1947 年 8 月 14 日）

真納閣下：

際茲貴國創立之良辰，本人謹向閣下及巴基斯坦人民致賀，祝貴國建設成功，國運昌隆。本人深信巴基斯坦政府在其民眾忠誠擁護之下，現正引導貴國進入一個和平進步之偉大新時代，謹此重申本人之敬意及友好合作之忱。

真納復主席謝賀獨立電譯文：

敝邦肇基之日，承主席致賀，感難言宣，謹此電復致敬，並致謝忱，兼乞代向貴國政府及人民致誠懇之感謝。

〈事略稿本—民國三十六年八月〉，《蔣中正總統文物》。

4. 歐洲司簽呈外交部部次長關於中國宜與巴基斯坦從速建立外交關係事（1948 年 3 月 27 日）

查巴基斯坦為印度分治後新成立之國家，分為東西兩部，東部巴基斯坦為原來孟加拉省之東部，西部巴基斯坦為原來之辛德省、西北邊省、俾路支及旁遮比省之西部。東巴基斯坦有吉大港，西巴基斯坦有喀拉蚩港。巴基斯坦雖未與我接壤，但東部與我康藏接近，西部與我新疆、西藏接近。就整個形勢觀之，我與巴基斯坦實有從速建立外交關係之必要。謹申述理由於後：

就政治方面言之，巴基斯坦為回教國，與中亞各回教國

聲氣相應，為搜集各回教國集團情報起見，似應於巴基斯坦設常駐使節。我國西北及西南回教徒亦多，將來我國僑民來巴基斯坦者必將增多，但現在巴國境內，並無我領館，為表示對回教國好感及保僑起見，亦應與之建立外交關係。又就印度整個國防情勢觀之，其重心在巴基斯坦邊境，而不在印度聯邦。如巴基斯坦不守，印度聯邦即無險可恃。巴基斯坦之西北邊防，在歷史上為外族入侵之孔道，巴基斯坦在軍事上必須依賴印度之協助，以防外力入侵，而對於中國之聲援，亦必表示歡迎；則吾國派外交使節於巴基斯坦，實在需要。而就另一方面言，亦即以對巴基斯坦之外交姿態，以制衡印度聯邦也。且印巴關係密切，在地理上原為一體，設我與印度聯邦交換使節，而置巴基斯坦於不顧，我方似有倚輕倚重之嫌，巴方亦不免生□□，此真納氏之所以嘖有煩言也。

就經濟方面言之，巴基斯坦七千萬人民中，百分之八十為農民。東孟加拉產米，西旁遮比產麥，農產可稱豐富。巴基斯坦又產麻，占全印百分之七十二‧三，為世界之主要產地，其棉產量亦富。但巴基斯坦工業遠為落後，因分治關係，印度教之熟練技工均離巴基斯坦，而遷往印度聯邦；目前巴國僅有二萬六千工人，在工廠作工，無大鋼鐵廠，無火柴廠、麻廠、紙廠，僅有紗廠十六所，較之印度聯邦有紗廠八百五十七所者，相形見絀。由上述分析，可知在經濟方面我與巴基斯坦可以有易無之方式，交換原料產品，並可發展兩國間之貿易。

總之，在原則上，中巴建立外交關係，毫無疑義可

言，倘英美派使節駐巴（英國已有高級專員駐巴），
則我國自不應例外，似應從速與巴國作交換使節之談
判。歐洲司謹簽。

批示：

原則上中巴自應換使，惟以目前情勢而論，宜暫緩
再議。

葆宇

四、廿

宜暫緩。

王世杰印

七、十二

附呈：五月廿日《字林西報》剪報一則 "Pakistan and
China to Exchange Envoys"。

〈我於巴基斯坦設使領館〉，《外交部檔案》。

5. 羅家倫電王世杰關於巴基斯坦政府派定達菊丁來華籌備使館事（1948 年 8 月 13 日）

南京外交部王部長：

巴外長昨告聯合國委員會法律顧問劉達萃，謂決在南京
設大使館，派定 KHAN SAHIB TAJUDDEEN 來籌備，
伺總理同意即公布。此人重慶印度專員公署服務多年，
娶中國妻，用 OFFICER ON SPECIAL DUTY 名義，
九月一日夫婦飛華，即將通知我國云。又與巴換使與總
領事館地點決定否？乞示。近來巴代表與本館頗聯絡。

羅家倫

〈巴基斯坦外交人員動態〉，《外交部檔案》。

6. 蔡維屏致外交部部次長檢呈自真納逝世後巴基斯坦之政局報告（1948 年 10 月 1 日）

部次長鈞鑒：

自真納逝世後，巴基斯坦之政治局勢動盪不安，危機潛伏，內部之分裂已日趨嚴重，納薩摩丁（Nazimuddi）繼承真納代理巴基斯坦總督，乃為真納之英籍顧問默迪爵士（Sir Francis Muddy）及克寧哈姆（Sir G. Cunningham）推薦結果。謹搜集有關資料編製報告一份隨電呈送，敬祈鑒核為禱。

職蔡維屏謹叩

附呈報告一份。

〈巴基斯坦政情（一）〉，《外交部檔案》。

第二節　坎巨提請求內附

一、余懷電國民政府為帕米爾高原坎巨提地方人民請求歸附祖國（1947年9月12日）

帕米爾高原中、蘇、印、阿四國未劃界之坎巨提地方，本屬我國國土，前曾遣使入貢，有案可稽。民國二十三年以反對盛世才，脫離中國，受英保護。現因印度獨立，英國自顧不暇，蘇聯乃乘隙脅迫，該地人民恐懼之餘，咸思返回祖國。查本（卅六）年七月間坎巨提王子曾親赴印度米什干謁我駐印領事，呈獻坎巨提過去係中國領土之證明文件，要求中國收入版圖。現坎巨提王加馬力汗復派代表於九月五日抵達蒲犁縣，研究重回祖國之辦法，該縣縣長已據情轉呈新疆省府核辦中。復查坎巨提居民百餘戶共千餘人，以遊牧為生，為國際重地，彼等既願來歸，亟應予以收納撫慰，促使邊民內向（未分報西北行轅）。

〈邊境動態〉，《國民政府檔案》。

2. 蔣中正密電張治中希查明坎巨提請求內附詳情（1947年9月17日）

迪化西北行轅張主任勛鑒：

密。據報帕米爾高原坎巨提王加馬力汗派代表，於申微抵達蒲犁，研究重回祖國辦法，該縣長已據情轉呈新省府核辦等情，希將詳情查明具報。

中

申筱侍洪

〈邊境動態〉，《國民政府檔案》。

3. 張治中密電蔣中正呈復坎巨提請求內附經過（1947年9月25日）

南京主席蔣：

申筱侍洪電奉悉。密。查坎巨提請求內附一案，前據駐新外交特別員公署代電，以奉外交部代電，略以坎巨提於民國廿四年停止進貢，新省府曾於廿六年春，決定派遣信差鄙責，嗣因故擱置。請設法使坎部繼續朝貢，以重主權。經飭駐喀什趙副總司令錫光就近密派妥員前往坎部訪問，藉悉內情，再為處理。旋據呈復略以：

（一）英印因印度自治問題，自顧不暇，無力顧及坎部；

（二）蘇方乘機派員前往爭取，頗有控制該部之企圖；

（三）坎部誠心歸附我國，曾於本年七月間派王子麻拉漢，代表該部人民，往印度米斯干，向我印駐領事商洽，並獻出以前歸附我國之證件，請求內附；

（四）請及早以外交途徑，使坎部重附我國等情。

經函駐新外交特派員，轉請外交部研究在案。現續據蒲犁何縣長申魚電稱，坎巨提代表艾力加漢傳遞其國王加馬漢函乙件，內稱坎巨提原係中國土地，因盛氏時代，隔阻中央，致未參加進貢，投入英籍，現英人均離坎返國，仍願歸還祖國，是否仍照以前進貢。抑由政府派代表另行歸併，乞轉呈核示，及申齊電報坎部共約四萬人，該國素願歸附中國，對華人特別親熱，嗣為英人所

悉，於本年七月將加馬漢接至倫敦，現已返國，特派代
表來蒲，請求歸附等情。查該部請歸附情真意切，似應
予以接受，以資懷遠。除電趙副總司令先行派員前往撫
慰，並電外交部迅依決定外，謹電鑒核。

職張治中

轅迪三民（36）申有印

〈邊境動態〉，《國民政府檔案》。

4. 趙錫光密電蔣中正報告坎巨提部落王子加麻拉漢親 往印度獻歸附中國證件並派員商洽要求附屬中國等 經過情形（1947 年 9 月 28 日）

京主席蔣：

密。據報毗連我新疆西南蒲犁南羅之坎巨提部落，原為
我國舊屬。民23 年以前該部尚照例年貢我國金砂，自
24 年起因邊吏失職，交通梗阻，致即停止入貢。英人
遠在光緒25 年未經我政府許可，即將坎部劃入英印版
圖，但該部牧民分隊二萬七千餘人，因久受我國政教之
陶冶，與我政府領袖德意之感召，俱感失貢為憾，迄今
仍以我國為宗。至國稱元年來，由於印度內部分歧，英
印無暇顧及坎部，故某方遂乘機進取，最近並密派人員
前往坎部脅迫，勒索苛稅牲畜，頗有進而控制之企圖。
然該部人民有鑒於此，竭誠表示重附中國而免受某方
蹂躪起見，特推請王子加麻拉漢代表該部人民，於本
（36）年七月間親往印度，向我駐印領事商洽，並獻出
以前歸附我國之證件，要求附屬中國。近復派代表艾力
加瓦漢等二人來我國商洽。該等業於申微抵達蒲犁，並

持坎巨提加麻漢親函一件，略謂：「坎巨提本為中國地，因盛世才時代之隔閡，致未能與中國之年貢，而被迫投入英印之統治。今印度獨立，英人均離坎返國，極願仍歸附祖國，乞轉呈政府等情。」查坎巨提緊接我新疆西南邊境，如彼某方對我邊疆國防作進一步之控制，實堪顧慮。復查坎巨提主權雖曾一度英方暗中劃據，惟該部朝野均一致傾向我國。茲英方既予印度獨立之時，我政府似可適時循外交途徑，向英印雙方提出照會歸還中國，再派兵駐守要邊卡以防某方侵入，而確保我邊疆安全。除電請坎部代表艾力加瓦漢等來喀面商，詳情容另呈報外，謹具管見，是否有當，敬乞鑒核，並乞示遵。

職趙錫光

申儉奮鬥振印

〈積極治邊（七）〉，《蔣中正總統文物》。

5. 劉師舜呈蔣中正為坎巨提王國請求內附擬即趁機收復改藩設置以固邊圍（1947 年 10 月 11 日）

案奉鈞座府交自第一三六〇八號代電，以據西北行轅張主任治中電呈，帕米爾高原之坎巨提王國請求內附等情，飭核議具報等因。查坎巨提於乾隆廿六年內附，為我國藩屬，歲貢黃金一兩五錢，分裝十五小袋，例由喀什道尹代收轉解，並代賞來使，紋銀（若干兩）、綢緞（若干匹）、瓷器（若干宗）等物。此種關係自民國元年至民國廿二年亦未間斷，廿二年新疆政變，坎巨提於廿三年遣使進貢，見新疆政治情形特殊，中央鞭長莫及，遂於廿四年停止進貢。本部曾於卅五年十二月廿七

日電令本部駐新疆劉特派員澤榮查明舊案，洽商張主任
治中電由喀什趙副司令錫光設法遣使通好，藉以恢復宗
主關係，以固邊圉。嗣於本年九月卅日及十月一日先後
准張主任、趙副司令電復，坎王馬漢特派代表艾力加漢
等二人，持函前來蒲犁略稱：「坎巨提本為中國領土，
因盛世才時之隔閡，致未能向中國中央入貢，而被迫投
入英印之統治。今印度獨立，英人均離坎返國，極願仍
歸附祖國，乞轉呈政府」等情到部。經詳加研究，認為
坎巨提人口雖僅四萬，但其土地則有九萬方里，面積之
廣大，相當於瑞士，昔日稱藩聽其自理。今英人既已退
出坎巨提，印巴又復糾紛，我政府似可趁機調整對坎巨
提之關係。細察目前國際形勢及西北環境，我宜廢除封
建朝貢之舊制，改藩設治，成立中華民國坎巨提自治
區，直轄於行政院。復查英人占我坎巨提，並未經我政
府許可，亦無條約根據，暫似不便採用外交途徑，擬由
我政府與坎部直接商談，以免授人以柄。此項原則，如
蒙核准，擬請批飭本部會同內政、國防兩部商擬辦法，
再行呈核。正辦理間，又奉鈞座府交字第一三六七〇號
代電，案同前因，自應併案辦理。所擬是否有當？理合
簽復，鑒核示遵。

謹呈主席蔣。

〈邊境動態〉，《國民政府檔案》。

6. 趙錫光密電蔣中正報告坎巨提部落王子加麻拉漢親往印度獻歸附中國證件並派員商洽要求附屬中國等經過情形（1947年10月11日）

京主席蔣：

密。申儉奮鬥振電計邀鈞鑒。坎巨提加馬拉漢派代表吾提買亥買提於酉支抵喀，當經優禮接待，並作友誼性之交換意見。該部落全體人民殷切期望早日歸回祖國，該代表並攜來加王贈職禮品手錶、手杖兩物。職除回贈衣料、茶、布等物及贈該代表衣料、衣物、程儀國幣三百萬元外，並復書加王勉慰其歸回祖國之熱忱，並靜候中央措置。除經過情形以酉佳秘親電呈主任張轉呈外，謹電請鑒核。

喀什陸軍整編第四十二師兼師長趙錫光叩
酉元秘親喀印

〈邊境動態〉，《國民政府檔案》。

7. 萬松電國民政府坎巨提代表所攜坎王親函無人能予翻譯（1947年11月3日）

關於坎巨提地方派代表至喀什，謁見我當地駐軍首長請求重回祖國情形。經於十月廿三日情京五三四八號呈報在案，茲據續報稱：坎巨提代表烏拉其漢買提汗等抵蒲犁時，曾攜帶坎巨提加馬力汗親函一件，內容大意謂：「坎巨提原屬中國版圖，常以黃金入貢中樞」等語。查該函係阿富汗發爾西文，因無人能予翻譯，故確實意義尚難明瞭。謹將原函附呈參考。附呈坎巨提王親函一件。

〈邊境動態〉，《國民政府檔案》。

8. 張治中電王世杰已令趙錫光於坎巨提代表各項要求不得遽作主張（1947 年 11 月 5 日）

即刻到南京外交部。

王部長：

西酉巧申電敬悉，頃續據趙副總司令錫光酉感電，坎巨提代表自酉支抵喀後，經多次交換意見，擬保持該部加札力汗王位，並將該部改為新省之一縣，由國軍派兵一隊前往戍守及免除貢例，該部改縣後之經濟，由省府負擔，此外並酌予實物補助，以上原則代表等已表贊同等語。茲事體大，似應由貴部詳加考慮指示辦理。除將貴部酉巧申電即轉趙副總司令切遵，並令不得遽作主張外，特電查照，並希迅賜裁復為荷。

弟張治中

戌冬轅秘

附註：亞西司酉巧申去電——為坎巨提遣使請求內附，擬趁機改藩設治，希款待坎使，並將洽商情形隨時電部由。

〈新疆政情（六）〉，《外交部檔案》。

9. 蔣中正電王世杰坎巨提王國請求內附可准商擬辦法呈核（1947 年 11 月 5 日）

外交部王部長勛鑒：

十月十一日西 36 第 21691 號簽呈悉。坎巨提王國請求內附，可准由該部會同內政、國防兩部商擬辦法呈核，

並已分別知照矣。除分行外特電。

中

戍微府交

〈邊境動態〉，《國民政府檔案》。

10. 萬松密函國民政府商談結果擬將坎巨提地方改為縣治（1947 年 11 月 24 日）

關於坎巨提王加馬力汗要求重回祖國之親筆函，經於十一月十七日情京五六八六號呈報在案。茲據續報稱：坎巨提代表烏拉其汗買提汗至喀什與趙副總司令錫光商談結果，擬將坎巨提地方改為縣治，縣長由坎王兼任，嗣經呈奉西北行轅及新疆省政府准予改設管理局，歸屬我國管轄。該代表已將此項商談結果請示坎王，俟得獲復信後，即行返坎（未分報西北行轅）。

〈邊境動態〉，《國民政府檔案》。

11. 萬松密函國民政府為呈坎巨提王國歸附祖國本意及其位置（1947 年 11 月 27 日）

關於坎巨提地方要求重回祖國事，西北行轅已允將該地改設管理局，歸屬我國管轄一案，經於十一月二十四日情京五七八九號呈報在案，茲據續報稱：查坎巨提地方之來歸，初心欲援遜清時之舊例多得賞賜，並希望免稅輸入大批物資。坎巨提王加馬力汗（年三十餘歲，畢業於印度吉爾吉特城某中學，精通英語）之代表烏拉其汗買提汗在非正式之談話中，曾提及進貢及在蒲犁、莎車等地貿易事宜。復查坎巨提係在帕米爾高原南部一山谷

地帶，一般輿圖中鮮有刊載者。根據民國三十四年十月出版之中國地理研究所編製之四百萬分之一之印度全圖，坎巨提係在印度屬吉爾吉特東北七十餘公里處之我國境內，距中印邊界尚有四十公里。然根據三十六年七月出版中國史地圖表編纂社金擎宇編製之世界分國新地圖內一千九百萬分之一之印度地圖，則將坎巨提劃入印度克什米爾省內。該地貧瘠民貧，僅產少數小麥、包谷與駝馬、牛、羊等，其衣著及日用品均需由外輸入，文化落後，僅少數人懂阿拉伯文，該地土人自稱係大乃民族，現信回教，但由來已不可考。

〈邊境動態〉，《國民政府檔案》。

12. 王世杰呈蔣中正為坎巨提請求內附經治內政、國防兩部擬改為自治區歸新疆省政府管轄內政由其自理等簽請核示（1947 年 12 月 4 日）

案奉鈞座府交字第一三九七二號代電略開：坎巨提王國請求內附，可准由該部會同內政、國防兩部商議辦法呈核等因，正辦理間，據西北行轅轉喀什趙副司令錫光電稱：略以經多次與坎巨提代表交換意見，擬保持坎部王位，將坎巨提改為新疆省之一縣，由國軍派兵戍守，免除貢例，經濟由省府負責，此外並酌予實物補助，以上原則，坎巨提代表已表贊同。同時又據本部駐新疆特派員劉澤榮電稱：略以英國駐喀什總領事薛普東來迪，到署談話，自動提起坎巨提問題，並謂：坎部與印度之克什米爾無甚關係，現欲與中國恢復關係，乃屬自然等語各等情。

經職對此問題詳加研究，並與內政、國防兩部長商洽後，擬定處理辦法如下：一、確認坎巨提為中華民國領土之一部分。二、改坎巨提為中華民國之自治區，受新疆省政府管轄。三、坎巨提國王仍保持其原有王號，坎巨提成立自治區後，其行政首長宜改稱行政專員，即以現任坎巨提王兼任行政專員，地方行政事務由其自理，惟外交及國防事宜，則歸中國中央政府負責處理。四、將以上三項，電飭喀什趙副司令錫光提出商討，如該代表等表示贊同，即可由趙副司令與該代表成立一臨時性之協議，但聲明：此項協議，須俟呈報中央政府覆核及完成立法手續，始能正式公告，並須於正式公告後始能生效。

復查坎巨提王自民國二十四年起，即與英印發生密切關係，實際上係受英印之保護。今印度獨立，英國駐喀什總領事雖對坎巨提與我國恢復隸屬關係事表示贊成，但印度政府對於此事態度如何，尚難逆料，我於作最後決定及正式宣告以前，應向印度駐華大使或經由我駐印羅大使向印度政府作一通知式之說明，略以：「坎巨提原為中華民國領土之一部分，自一九三五年以來，因中國新疆省邊境不寧，致未獲保持與中國內地之正常聯繫，現時中國新疆邊境情形業已改善，中國政府現正在準備接受坎巨提之願望，恢復中國與坎巨提之原來關係」云云，視印度政府之反響如何，再作最後決定。

上擬各節，是否有當，理合簽請核示祇遵。

謹呈主席蔣。

〈邊境動態〉，《國民政府檔案》。

13. 蔣中正電王世杰所擬處理坎巨提王國內附辦法各節准予照辦（1947 年 12 月 11 日）

外交部王部長勛鑒：

十二月四日機字 668 號簽呈悉，所擬處理坎巨提王國內附辦法各節，准予照辦。

中

亥尤府交

〈邊境動態〉，《國民政府檔案》。

14. 劉澤榮電外交部已請西北行轅電喀什噶爾轉告坎巨提代表即日來迪化洽談（1947 年 12 月 16 日）

第二一九號。十六日。限即刻到。

南京外交部：

關於坎巨提問題，鈞座極為關懷。為對中央政府進一步供給材料，並有意派員前往坎部視察一則。惟新印山嶺阻隔，交通不便，冬季尤為困難。職回迪與此間行轅及軍事當局研議，至再僉認為應將現住喀什噶爾之坎部代表約來迪化洽談，較為便利，現已請行轅電喀什噶爾轉告該代表即日來迪矣。謹先奉聞。又羅大使回任後，對坎部觀察結果如何，請鈞部隨時電示為禱。

職劉澤榮叩

〈新疆政情（六）〉，《外交部檔案》。

15. 羅家倫電外交部克什米爾北部藩邦包括坎巨提仍在 我掌握中並無合併巴方消息（1947 年 12 月 31 日）

第 234 號。31 日。

南京外交部：

西 239 號電奉悉。經詢中央社記者，據云此尚係十一月九日電報，根據印京報紙報導，且係用 It is believed 字樣，非確定語氣。倫按最近巴總理雅里康訪新德里談克什米爾問題，毫無結果，喀區北部藩邦包括坎巨提仍在我掌握中，情況不明，並無合併巴方消息。今日此間半機關報 *Hindustan Times* 載稱，三十日印內閣會議決定，將巴方暗助叛黨在喀作戰事提安全理事會，同時聲稱此不影響現在印方決以武力驅出喀境叛軍之戰事。另據觀察家云，以印現用在喀之一師餘，兵力甚難達此目的。

家倫

附註：亞西司 239 號去電——據中央社新德里電訊，謂印巴對克什米爾有所協議事。

〈新疆政情（六）〉，《外交部檔案》。

16. 萬松電國民政府為呈坎巨提王國歸附我國初步協議 內容（1948 年 1 月 19 日）

關於坎巨提地方來歸本意及其位置，經於三十六年十二月四日情京五九三三號呈報在案，茲據續報稱：坎巨提地方要求重回我國事，經新疆警備副總司令趙錫光與坎巨提代表烏拉其漢買提汗數度商洽，業於元月七日在喀什簽訂臨時協議，其原文為「茲為實現坎巨提王關於恢

復坎巨提與中國已往之合作願望，並確定坎巨提與中國
今後之關係起見，由趙錫光將軍與坎巨提代表烏拉其漢
買提汗簽訂臨時協議如下：

（一）確認坎巨提為中華民國領土之一部分；

（二）改坎巨提為中華民國之自治區，受新疆省府管
　　　轄；

（三）坎巨提國王仍稱其原有國號；

（四）坎巨提王兼任行政督察專員，地方行政事務由
　　　其自理，惟外交及國防事宜則歸中國中央政府
　　　處理。

本臨時協議經由坎巨提代表烏拉其漢買提汗報該坎王復
核，並由趙錫光將軍報請中國中央政府復核，在未經中
國中央政府與坎王核准前，不得對外發表」。末由趙錫
光及坎巨提代表簽名，查該協議漢、維文正副本各二
份，正本各執一份。坎巨提代表已於元月八日返坎赴
命，我方已由新疆外交署將該項協議電轉外交部核辦。
至坎巨提其他代表孜牙熱提等，仍留居喀什候命中。

〈邊境動態〉，《國民政府檔案》。

17. 羅家倫密電王世杰為新德里政治家日報載坎巨提有歸附巴基斯坦之表示（1948 年 1 月 19 日）

急。

南京外交部王部長：

密。十六日新德里《政治家日報》載倫敦《泰晤士報》
駐西北邊省訪員報導，略謂：原統轄坎巨提各地之
GILGIT AGENCY，自去年八月一日經印度政府交喀什

米爾邦管轄後，改派印度教徒軍官充行政長官，當地人民全奉回教，致生反感，並引起民團內部不安，十月間喀什米爾歸附印度後，形勢愈緊，地下運動之民主陣線亦愈緊急。十月三十一日叛民由地下運動者指揮包圍GILGIT，意圖襲脅該地，英人民團 BROWN 少校為民團團長，以避免犧牲生命財產為藉口，派民團一排馳赴行政長官公署，名為保護，實用武力迫使投降，成立臨時政府，由地方上有勢力之 SHAN RAIS KHAN 任主席，改懸巴基斯坦國旗。同時 GILGIT 治下藩屬，包括坎巨提區 MIR OF HUNZA 在內，分致函電表示其人民願歸附巴方之意。該報導最後按語說明，此地係印、巴均垂涎之戰略地帶，按該區消息久斷，此係最近報告，內容甚詳，可靠性亦大，此當係巴方先發制人之著，而兩英軍官實助成之。此事發生在坎王派使來新疆之後，不知彼是否迫於環境改變態度，請政府速令趙錫光兼程派人調查為妥，原文即航郵寄部，特先電大意，並請酌呈主席。

家倫

〈邊境動態〉，《國民政府檔案》。

18. 蔣中正電王世杰為坎巨提有歸附巴基斯坦之表示應早籌對策（1948 年 1 月 24 日）

外交部王部長勛鑒：

據轉呈駐印羅大使電報告新德里《政治家日報》載倫敦《泰晤士報》駐西北邊省訪員報導，坎巨提地方因迫於外方壓力，已有歸附巴基斯坦之表示等情已悉。此事應

由該部迅電西北行轅轉飭趙副司令錫光密查實情，早籌
對策為要。

中

子迴府交

〈邊境動態〉，《國民政府檔案》。

19. 王世杰呈蔣中正呈報辦理坎巨提請求內附一案經過情形請鑒核由（1948 年 2 月 11 日）

關於坎巨提王國請求內附事，本部會同內政、國防兩
部所擬處置辦法，業經呈奉鈞府府交字第一四五三七
號代電指復准予照辦，並遵即於去年十二月廿七日電
飭本部駐新疆特派員劉澤榮轉喀什趙副總司令錫光，
以其本人名義與坎巨提代表簽訂臨時協議。嗣據劉特
派員轉據趙副總司令電稱：臨時協議已於本年一月七
日在喀什簽字，正本郵寄覆核，並稱：坎王代表定於
一月八日返坎復命，此事已告一段落等語。惟查坎部
情形複雜，各方傳說不一。據本部駐新疆特派員劉澤
榮去年十二月廿四日電稱：近據中央社新德里電訊，
坎巨提傳已合併於巴基斯坦，當經本部電令駐印羅大
使查復，旋據復稱：此係十一月九日之傳聞，坎部並
無合併於巴方之消息。又據羅大使本年一月十七日電
稱：新德里《政治家日報》載倫敦《泰晤士報》駐
西北邊省訪員報導，幾利幾特發生政變，成立臨時政
府，改懸巴基斯坦國旗，坎巨提等藩邦紛電表示願歸
巴方，並稱此事發生在坎王派使來新之後等語。本部
為澈底明瞭坎巨提內部情形與坎王之態度，及其是否

仍保有原有權位起見，在奉鈞府府交字第一五○九○
號代電前，即已於一月廿一日電由喀什趙副總司令迅
派通曉坎語之幹員，前往坎巨提探察時情，並密繪坎
巨提現有之疆界詳圖與蒐集有關資料，但尚未據復。
除俟得復再行呈報外，所有本部辦理坎巨提請求內附
經過情形，理合簽請鑒核。

謹呈主席蔣。

〈邊境動態〉，《國民政府檔案》。

20. 總統府第二局函外交部抄送毛人鳳轉呈之羅謹養電為坎巨提請求歸附交涉經過及我方停止與其聯絡情形情報一件（1948 年 9 月 2 日）

逕啟者：

奉交下坎巨提地方來歸交涉經過及我方停止與其聯絡情
形情報一件。相應抄送貴部，即請查照參考為荷。此致
外交部。

附抄情報一件

本局啟

羅謹養八月廿四日迪化電：

一、續三十七年元月十七日密重○二三四號情報。

二、坎巨提地方之一般情況：坎巨提地方代表與趙副
　　總司令錫光簽訂臨時協議後，即離喀返坎復命，
　　趙副總司令為明瞭坎巨提實際情形計，嗣派潘允
　　福前往調查。據該員返來談稱：

　　（一）坎王對協議四項均同意，惟不歸中國管轄。

（二）坎王確於元月二十七日赴格利格特參加巴
　　　基斯坦會議，該會議有英人參加，並云此
　　　次巴方對印度作戰，有英人暗中支持。

（三）坎王二弟加木西提汗率坎人三千參加巴方
　　　對印度作戰，槍枝有巴方供應者。

（四）坎人年在四十歲以上者，均能記憶曾為中
　　　國公民，對我派員極表親熱，年輕者則唯
　　　坎王是從，但上下對英國仍有好感，對蘇
　　　聯具有好感者則為數極少。

（五）坎境蘇諜活動尚無所聞。

（六）坎境內除有英人構築營房一座外，全坎
　　　無可容納一排兵力之營房，且亦無餘糧
　　　供應。

三、坎巨提王致趙錫光函內容：趙副總司令錫光前曾
　　接獲坎王正式函件兩份（維、英文各一份），內
　　容各有出入，略呈如後：

　　（一）英文函內容：

　　　　　（子）坎巨提永遠獨立，不受任何國家不
　　　　　　　　平等待遇，亦不容外來力量破壞其
　　　　　　　　國家主權；

　　　　　（丑）坎巨提舊有政治法律不變更；

　　　　　（寅）坎巨提應保持其世襲稱呼治理國土；

　　　　　（卯）五世紀前中坎即有友誼關係，當時
　　　　　　　　坎巨提向中國進貢，中國亦常有賞
　　　　　　　　賜，其手續為坎巨提將貢品送至喀
　　　　　　　　什轉呈中央，中央賞賜物品亦由喀

什轉給坎巨提，現首願與中國恢復
舊交，然後以新疆省政府居間如依
舊例行之。

（二）維文函內容：

（子）坎巨提是中國領土之一部分，其政
府歷來是自由獨立解放之政府，絕
不受任何政府支配；

（丑）坎巨提永遠保持王國稱呼，不能
變更；

（寅）保持中坎舊有關係及舊好；

（卯）以往坎巨提進貢時，中國除賞賜外，
並在蒲犁分有草原，莎車撥有產業，
皆足證明中坎舊好。

四、外交部對坎地來歸事指示辦法及停止與其聯絡情
　　形：關於坎巨提地方來歸事，外交部曾於四月
　　二十四日電西北行轅稱：

（一）坎巨提事待克什米問題在安全理事會解決
後，再行處辦；

（二）希趙副總司令對坎王與其人民作通常之聯
絡，以作我將來在坎地活動之準備；

（三）坎王所指昔年撥給草原及產業事，是否指
昔年我對該邦優待慣例，抑係其他企圖，
希飭趙副總司令就近詳查電告等語。

行轅於獲得此電後，即轉飭趙副總司令遵辦。趙氏以坎
王欲保持其王國，並援清朝例向中國進貢，認為其企圖
在獲得政府更多之援助，故對其來歸事，以作罷論。

來源：原報人親查。

意見：呈供參考。

〈邊境動態〉，《國民政府檔案》。

第三節　印、巴於疏附設領交涉

1. 外交部歐洲司、亞西司簽呈對於印度擬在疏附開設總領事館之意見（1948 年 5 月 28 日）

查印度在華僑民為數不多，該國現僅於上海一處設立總領事館。今印度要求於我新疆西部重鎮疏附 Kashgar 開設總領事館，想係具有左列目的。

（一）以前英屬印度及喀什米爾土邦人民越喀喇崑崙山往新疆貿易者，頗不乏人，故於新疆西南商務重鎮之疏附設立總領事館，以辦理商務及僑民事宜。

（二）當今喀什米爾之歸宿問題尚未決定，但我新疆多回教徒，與喀什米爾及巴基斯坦回教徒義氣相應。印度為獲取諸方面回教徒情報起見，故擬於疏附開設總領事館。

（三）疏附對蘇貿易頗屬密切，與阿富汗亦屬比鄰，中、蘇、印及阿富汗於蔥嶺以西一帶尚有未定界，而我新疆與喀什米爾北之坎巨提亦常發生關係，故印度於疏附設總領館，常有其政治上意義。

查印度與我係友邦，印度請求於疏附設立總領事館，在原則上我方似無拒絕理由。且我同意印度於疏附設館，將來我亦向印度要求於印西北衝要地方設立領館。但為顧慮新疆地方特殊情形，俾昭慎重起見，似應請乞徵詢西北綏靖公署及本部駐新疆特派員意見，然後再行決定，答覆印方。

歐洲司、亞西司簽

〈印度在喀什噶爾設領及我國擬在噶倫堡設領案〉，《外交
部檔案（近）》。

2. 劉澤榮電復外交部部次長關於印度在疏附開設總領
事館事意見（1948 年 6 月 20 日）

第 287 號。二十日。

南京外交部部次長鈞鑒：

194 號電奉悉。

（一）英國駐喀什噶爾總領事館歷來對外表示僅辦印
度商務及印僑事務，現印度獨立，擬於喀什噶
爾開設領事館，可謂自然願望，比英領代辦較
宜，我方似不必拒絕。

（二）據可靠方面消息，印度、巴基斯坦兩國分治後，
曾分別委託現任喀什噶爾英國總領事暫代兩國
領事事務，至本年七月為止。期滿後，或將另
設領事館，屆時再行磋商云云。印度現既提出
設領，巴基斯坦俟有相當時機，想亦必進行。

（三）我方如能同意設領，似可乘此機會在印巴邊區
添設領事館，以應需要，其地點可另作研究。

（四）印度分治前，所有新疆印僑全屬英領保護，新
設領事館如何分管，彼方先行說明較妥。

（五）新疆開設此種領事館，對內無影響，對外只可
對我領事館平等看待，使各方面無從藉口，則
亦不應有問題。

以上各點管見，祈鑒核電示。

職劉澤榮

附註：歐洲司西禮 194 號去電──為關於印度在疏附
開設總領事館事希將意見具報由。機要室註。

〈印度在喀什噶爾設領及我國擬在噶倫堡設領案〉，《外交
部檔案（近）》。

3. 張治中電復王世杰關於印度在疏附設領事館事意見 （1948 年 6 月 30 日）

南京外交部王部長雪艇先生：

歐巳筱電敬悉。印巴分治前，印度對新商務及僑務均由
英領代辦，現印度獨立，請求在新設館，自為順理成章
之事。如我方允其所請，對新省目前政治環境，不致有
何影響。在外交方面，如與各國領館平等看待，似亦不
致有何問題。惟對巴基斯坦將來提出此項同樣請求時，
是否一例辦理，似宜加以考慮。同時我方在印巴似亦可
考慮添設領館，其地點另行確定。謹復裁奪。

弟張治中

轅迪三民

附註：歐西禮十七日去電──關於印度在疏附設領事
館事希將意見惠示由。機要室註。

〈印度在喀什噶爾設領及我國擬在噶倫堡設領案〉，《外交
部檔案（近）》。

4. 外交部密電羅家倫希迅復在印何地設領需要最大意 見（1948 年 7 月 4 日）

駐印羅大使：

極密。印度要求在新疆疏附設總領館，我方亦擬要求在印邊境增設領館。在印何地設領需要最大，希迅將意見電部。

外交部　歐

〈印度在喀什噶爾設領及我國擬在噶倫堡設領案〉，《外交部檔案（近）》。

5. 羅家倫密電王世杰關於我方擬在印度邊境增設領館事意見（1948 年 7 月 6 日）

第 337 號。6 日。

南京外交部王部長：

極密。歐 337 號電敬悉。對邊境最有意義：

（1）為克什米爾都城斯林納加 SRINAGAR 通新疆要道印西北境鐵路航空啟程點，中國有事需開西北國際路線，北處係樞紐，印度爭正克邦主權，理應樂於接受我設領要求。

（2）為葛林堡 KALIMPONG 通西藏要道，地在山中英人避暑處，人口不多，大部係藏民，欲知藏情，此係樞紐，可採擇設領事館權利，先派一副領事駐此，由駐加爾各答總領館直轄，對藏事處理甚有裨益。

倫按，疏附英國總領館印度已繼承，梅農告倫近派前駐華印度大使館秘書 CAPTAIN SATHE 於八月間前往任總領事，最近且簽證往該館職員護照數次，不知何以再需有設館要求。

羅家倫

附註：歐洲司人 337 號去電——關於印要求在新疏附設總領館我方亦擬在印邊境增設領館事希電呈意見由。機要室註。

〈印度在喀什噶爾設領及我國擬在噶倫堡設領案〉，《外交部檔案（近）》。

6. 英國駐華大使館致外交部照會譯文為巴基斯坦政府擬在南京設立駐華大使館並在疏附設立總領事館請查照辦理（1948 年 7 月 12 日）

第二八零號照會譯文。

逕啟者：

茲遵巴基斯坦政府之命，照達貴部長查照，為按一九四七年八月間，關於貴國及巴基斯坦兩政府應儘速互派大使之協議事，巴基斯坦政府希望近期內，在南京設立駐華大使館。此時，巴基斯坦擬即在喀什爾設立一總領事館，且表示稱，巴基斯坦與新疆之交接，係因貿易及接壤關係，又有多數巴基斯坦人民僑居新疆省之故。茲因英國駐喀什爾總領事謝溥敦君（Mr. Shipton）維護新疆巴基斯坦僑民利益之舉，行將終止，如貴國政府能迅予同意在喀什爾儘速設立一巴基斯坦總領事館之議，巴基斯坦政府將極感紉。相應照請查照辦理為荷。本大使順向貴部長重表崇高之敬意，此致中華民國外交部部長王閣下。

施諦文

〈巴基斯坦在疏附設領及我國擬在巴國品地設領〉，《外交部檔案》。

7. 歐洲司第一科簽呈對於印、巴設領要求應均予同意意見（1948 年 7 月 20 日）

查印度聯邦與巴基斯坦擬於我國新疆疏附（亦稱喀什噶爾）設立總領事館，先後徵求我政府同意。外交部認為印巴均為友邦，應一體看待。我對於印巴設領要求，應均予同意，且可趁此時機，向印巴兩國提出於兩國內設領之要求，以為交換。茲概呈理由如次：

查原駐疏附英國總領事館，係歸德里英印政府指揮，掌管全印僑務、商務事宜。英印政府既將政權移交於印度聯邦及巴基斯坦政府，英駐疏附總領事館亦將於本年七、八月間撤消，在新疆省內印、巴僑民均有，則印、巴兩國請求於疏附設領，以分別接管原來英駐疏附總領事館之業務，自屬事理當然。於私貌上言，我同意印方在疏附設領，亦當同意巴方在疏附設領。關於印度於疏附設領一事，經徵詢西北綏靖公署張主任治中及外交部駐新疆特派員意見，均復稱印度於疏附設領，對新疆省目前政治環境，不致有所影響，故應請行政院對印、巴於疏附設領事，均賜予同意。

因我國亦有在印、巴設領之需要，亦可藉此向印、巴提出需求。查印度境內宜設領館之地，一為印東北邊境靠近藏境之噶倫堡（Kalimpong），扼通藏之咽喉，另西藏與印度及我國內地貿易集散地，復為監視西藏對外活動之前哨。當今藏事孔急之秋，英印侵略康藏南境邊界問題尚待解決之會，於該處設領，萬分需要，蒙藏委員會許委員長對此亦完全同意；一為印度西北喀什米邦首府什利那加，為通新疆要道，但印、巴在該邦內之衝突

尚未解決，將來究屬印、巴何方，尚待決定，故設領事
宜稍緩再議。至於在巴基斯坦境內設領事，本部正電
詢駐印羅大使關於設領地點之意見，擬俟詳細研究後
再行決定。

在印度噶倫堡設領，既屬異常需要，如關庫拮据，亦應
就他處領館可裁撤者裁撤之，尚於外交部原有預算經費
項下移用。

又巴基斯坦政府最近經英國大使館轉達我國政府，根據
一九四六年八月十五日中巴同意互換使節之約定，希望
於近期內在南京設立駐華大使館，我國自應表示願早觀
厥成，故亦可考慮於巴基斯坦派遣大使。

以上各節，謹簽請鑒核。

歐一科謹簽

〈印度在喀什噶爾設領及我國擬在噶倫堡設領案〉，《外交
部檔案（近）》。

8. 歐洲司第一科簽呈外交部部次長幫辦概述中國應與 巴基斯坦從速換使及同意巴方設領請求之理由（1948 年 7 月 20 日）

巴基斯坦政府現請英國大使館轉達我國政府，擬在南京
設立駐華大使館，並擬即在新疆疏附設立總領事館，請
對設領一事，迅與同意。茲將我國應與巴從速換使及同
意巴方設領請求之理由，概述於後：

（一）我國與巴基斯坦及印度聯邦同為亞洲大國：現印
　　　巴關係雖未盡和諧，各該國基礎亦未臻穩固，
　　　然經過相當期間，彼方情勢必將澄清，其力量

殊未可忽視。現我國對印採特別友好政策，對
巴自不宜表示淡漠，而致引起此回教國之反感；
不論真那其人對我態度如何，我仍應為本身利
益計，作長遠打算，對此新興之亞洲國家，施
以聯絡。且我國若與巴國建立外交關係，不
但可增加我在國際上之與國，抑亦為我國加強
與世界回教人民關係之一表現，即就中印關係
言，亦不致因中巴建立外交關係而受有影響。
故本司認為中巴間應速建立外交關係。查中巴
同意換使事，於去年八月十五日曾由中巴雙方
同時公布，並經本部呈奉行政院去年九月六日
指令略開：「提會報後，呈奉國府指令准予備
案」等因。本司曾於本年三月簽請設立駐巴大
使館，旋奉次長批示：「宜暫緩」。現巴政府
並未提出駐華大使人選，本部似應俟其正式提
出人選時，再予核補。至於我方在巴國設立大
使館事，如因本部經費困難，自可稍緩，惟希
望能於本年內促其實現。

（二）我既擬允印度在新疆疏附設領，巴國在新亦有
僑民，其在該地之領事事務，過去亦由駐喀什
英總領事館代辦，我方為表示一律待遇起見，
自應允亦在疏附設領。然我國在正式同意巴
國於疏附設領之前，似亦可仿對印例，向巴國
要求於巴國境內適當地點設立總領事館或領事
館，其確實地點，擬先電羅大使徵詢意見後再
行決定。（我國在巴僑民不多，多集中於巴首

府喀拉蚩，如我將來在喀拉蚩設使館，似不宜
另在該地設領館。）以上各點謹簽請鑒核。

歐一科謹簽

七、廿

批示：

巴國在京設使似難拒絕，疏附設領事似亦應同意。

師舜

七、廿三

呈核。

超

七、廿三

〈我於巴基斯坦設使領館〉，《外交部檔案》。

9. 行政院密令外交部印度擬在新疆疏附設領及我國順向要求在印度噶倫堡設領案經決議通過（1948 年 7 月 23 日）

行政院指令。

密。令外交部。卅七年七月十四日外 37 歐一字第
一六五四〇號呈為印度政府擬在新疆疏附設立總領事
館，以接管英國駐疏總領事館原代印度聯邦政府辦理之
領事事務，請核准。又我國擬順向印度要求在噶倫堡設
領，已電飭駐印羅大使向印度政府徵詢同意，所需經費
擬於本年度內暫就本部現有預算內籌撥，請核示由。呈
悉，案經提出卅七年七月廿一日本院第八次會議決議
「通過」，又我國要求在噶倫堡設領事館，如獲印度政
府同意能與印度駐疏附總領事館同時成立尤妥。除分行

新疆省政府外，仰即遵照此令。

院長翁文灝

〈印度在喀什噶爾設領及我國擬在噶倫堡設領案〉，《外交
部檔案（近）》。

10. 外交部呈行政院為巴基斯坦請求於新疆疏附設立總領事館呈請准予同意（1948 年 7 月 28 日）

頃准英國駐華大使館本年七月十二日第二八〇號照會略
開（略）。謹查巴基斯坦與印度聯邦為原來英屬印度所
分出之二自治領，其在國際政治上之重要性相埒，今後
我國在政策上應與印巴二國維持同等密切之友好及合作
關係，以應付當前動盪不寧之世界局勢，並共謀亞洲各
國之團結及繁榮。現中印間已互派大使，印度聯邦已在
上海設有總領事館，近又擬在新疆疏附設立總領事館，
本部曾於本年七月十四日以外卅七歐一字第一六五四〇
號呈請准予同意，旋奉鈞院七月二十三日外卅七七字第
三三五九三號指令照准並在案。而中巴間則尚無任何使
領關係，關於中巴互換大使事，業經中巴雙方於去年相
互同意，並於同年八月十五日同時公布；本部於去年八
月十一日以禮卅六字第一六七八四號呈具鈞院在案。旋
奉鈞院卅六年九月六日（卅六）七外字第三五六六九號
指令批示：「經提會報告後，呈奉國府指令，准予備
案」等因。此事既早經中巴雙方於原則上相互同意，而
英國大使館此次來照中並未提出巴方所擬派之駐華大使
人選，我方似應俟將來巴方提出正式大使人選，徵求同
意時，再予核辦。至於我國設立駐巴大使館事，擬於適

當時期，另行呈請核奪。

關於巴基斯坦政府擬於新疆疏附設立總領事館事，我國似可予以同意。查印度在新疆省內之領事事務向由英國駐疏附總領事館代辦。今印度分為印度聯邦與巴基斯坦兩自治領，該二國之外交均已獨立，而英國駐疏附總領事館又將於本年七、八月間撤消，是則該二國請求於疏附分別設領，自行辦理其僑務商務事宜，自屬可行。我若同意印度聯邦於疏附設領，則對於巴基斯坦之同樣請求，自亦不應拒絕。

我國政府亦可趁此機會，向巴基斯坦政府提出在巴境內設領之要求，以為事實上之交換條件。至於我方宜在巴境內何地設領，須視該國內華僑情形及工商業狀況而定，此事現正由本部研究中。

現巴基斯坦政府以英國駐疏附總領事館結束在即，亟望早日在疏附設立該國總領事館，本部擬於最近期間予以答復。理合備文呈請鑒察，迅賜核准，實為公便。

謹呈行政院。

外交部長王世杰

〈巴基斯坦在疏附設領及我國擬在巴國品地設領〉，《外交部檔案》。

11. 外交部密電羅家倫仍希迅將我在噶城設領事徵求印方同意（1948 年 7 月 29 日）

駐印羅大使：

極密。第三四一號電悉。在克什米爾設領事，因該地歸屬問題未解決，此時不宜向印方提出。近巴基斯坦亦請

求在疏附設領，本部擬同意，院方已通過，惟擬亦電求
將來在巴境適當地點設領；故如克省屬巴，我方仍可在
克省擇地設領。現印方催復在疏附設領事正急，本部於
印方同意我在噶倫堡設領前，不擬正式答復。仍希迅
將我在噶城設領事徵求印方同意，並一俟印方先行口
頭同意後，即電部。再印駐疏附總領事等護照，可先
予簽證。

外交部（歐）

〈印度在喀什噶爾設領及我國擬在噶倫堡設領案〉，《外交
部檔案（近）》。

12. 羅家倫密電王世杰巴方找我可見驕妄氣挫總領事館 地址再四研究拉瓦品地最好東巴如設領以吉大港為 宜（1948 年 7 月 31 日）

第三四五號。卅一日。

南京外交部王部長：密。

歐三五一電奉悉。巴方找我可見驕妄氣挫，總領事館地
址再四研究，RAWALPINDI 最好，該處在西旁遮普省
西北軍事重鎮，西通阿富汗，為蘇聯經阿富汗入印要
衝，北由 GILGIT 通新疆疏附一帶，東鄰克什米爾，現
克既暫不設領，GILGIT 歸巴成分為多，此地設領更有
意義，其地通鐵道及數公路為觀察中亞動態及我西陲近
境著想，乃作此主張。至 LAHORE 則僅係靠印邊，除
數十華僑外，於我邊政關係太小，又巴自治領分東西，
東巴如設領，以吉大港 CHITTAGONG 為宜，先電陳
餘詳圖說。

倫

〈巴基斯坦在疏附設領及我國擬在巴國品地設領〉，《外交
部檔案》。

13. 張治中電復王世杰關於巴基斯坦請求於疏附設領館事意見（1948 年 8 月 6 日）

南京外交部王部長雪艇先生：

午感電敬悉。關於印、巴兩國請求在新設領館事，弟意
似宜予同等之看待。如同意印在新設館，則對巴自不宜
解決，領館之等級亦宜無分軒輊。惟在新印僑幾全係回
教徒，印、巴分別設館後，僑民如何分管，似應於事前
有所訂明，希裁奪辦理。

弟張治中

轅迪三民（37）未魚

附註：歐（禮西人）午感去電——關於巴基斯坦請求
於新疆疏附設總領事希電復意見由。機要室註。

〈印度在喀什噶爾設領及我國擬在噶倫堡設領案〉，《外交
部檔案（近）》。

14. 羅家倫密電王世杰稱梅農作梗對噶倫堡設領答覆不妨暫冷（1948 年 8 月 8 日）

第 351 號。八日。極密。

南京外交部王部長：

七日梅農來館，談噶倫堡設館事。初言接潘尼加電稱，
中國政府告彼，如印不同意噶設領，則華不同意疏附設
領，彼以為此係爭執相指態度，故不願同意。倫謂彼如

對此介意，則中國亦有話說。去年中國提議斯林拉加設
領，原係好意，何故停頓拒絕，中國頗感不快。現在雙
方當忘小節，而為大處。彼默然後，如任中國設領，則
蘇聯或巴基斯坦亦將要求在斯林拉加設領。倫知係遁
辭，乃曰此不可比。巴所要求者為整個喀什米爾，不僅
斯城設領。彼知失言，乃曰巴方所求，自係全喀，至此
彼方吐實情，謂印度正與錫金、不丹等邦商議合併，若
噶設領，恐彼等以為中國將參加一分。倫答設領何至有
此巨大影響，中國對土邦決無興趣，據吾所知印度從未
說過西藏非中國領土一部分，蓋此點出其隱衷，其實錫
金原亦屬西藏也。彼隨口應曰，從未說過。倫曰，余希
望君與我以老友態度，居中彌縫，達到雙方設領目的。
請將鄙意轉達印政府，重行考慮，彼應允。彼又露巴基
斯坦欲分印度疏附總領事館財產，據倫觀察，尼赫魯無
暇對此細想，此乃彼作梗。公超無深知彼態度，印度雖
稱打倒帝國主義，卻滿心要繼續，並鞏固其侵略結果。
目前擴軍氣焰甚大，此事其答覆如何，不妨暫冷，於我
無損禮聞。琴五、公超前致候。

羅家倫

〈印度在喀什噶爾設領及我國擬在噶倫堡設領案〉，《外交
部檔案（近）》，館藏號：11-01-13-07-01-002。

15. 羅家倫電王世杰接梅農半官式函拒絕中國政府在噶倫堡設領建議（1948 年 8 月 13 日）

第 355 號。13 日。

南京外交部王部長：

十二日接梅農半官式函，稱關於八月五日談話，印政府在目前情形下，不能同意中國政府在噶倫堡設領建議，甚覺 SORRY，在印度內地（INTERIOR）設領是新奇創舉（INNOVATION），如他國循例要求，則亦勢必拒絕。印政府謹加考慮後，方得此決定，此無待贅述者。茲以難如尊願為歉（REGRET），又余已以此意電潘尼加云。此函純係遁辭，噶在印藏邊境，如云係內地，則疏附亦係內地，又美國在 LAHORE 設使領館事，同樣內地，現該處雖屬巴方，但設領在分家前，亦在尼赫魯內閣任內。況噶有中國僑民居住及商業來往，他國無從援例。總之前電所陳，理由是真，此外全假，倫本欲藉梅農轉圜，不意彼仍執迷，且此函一星期方復，恐曾徵彼方邊政或駐藏人員意見。彼既不客氣，愚見潘使日內必將此事告部，我方似可告以疏附在中國內地，印度繼承英國之舉，不能同意，此話告彼後，此間護照即退還。如中間須經一重手續，由我方正式照會要求，待拒絕後再辦亦可。外交本有 TAKE AND GIVE，彼氣焰正大，已無他人，如我動輒就範，將認為可欺，稍強硬亦不致發生重大不良結果。況部方既已說出，似不便遽退，如何？乞指示。並懇公超兄告潘使梅農手槍指著之譬喻不對，年來為南非洲、為克邦在衛生會議讓步，並為其代謀安全理事會之中國，斷非以手槍指著朋友者。倫亦將在此告人愚見，不意氣對克邦事，尚在為印度幫忙。琴五、公超兄前致候。

羅家倫

〈印度在喀什噶爾設領及我國擬在噶倫堡設領案〉，《外交

部檔案（近）》。

16. 何應欽致王世杰代電檢抄國防部第二廳情報稱巴基斯坦政府擬要求中國政府對疏勒總領轄區範圍與英國同等情（1948 年 9 月 11 日）

一、據本部第二廳九月一日張恭情第 663 號情報稱：
　　「巴基斯坦政府擬要求中國政府對疏勒總領轄區範圍與英國同」等情。

二、相應檢抄原件請參考。部長何應欽。

抄英大使館林布原電。英國駐疏勒總領事館在迪化未設館前，其管轄區域原即包括新疆全省而言，余擬通知中國政府，謂巴基斯坦政府提議其駐疏勒總領事館亦應享有英總領館同樣之轄區範圍，而不限於疏勒一地，由是巴基斯坦政府嗣後可隨意自行劃定其總領事館之詳確管轄區域矣。

〈巴基斯坦在疏附設領及我國擬在巴國品地設領〉，《外交部檔案》。

17. 羅家倫密電劉師舜、葉公超為梅農暗示無法趁便解決且王世杰決對此事不再與談（1948 年 9 月 20 日）

第386 號。20 日。急。

南京外交部劉、葉次長：

密。梅農十八日晚八時來館，欲乘王部長過印機會，解決換領問題。彼先提公超兄方式，謂擬改為：
「CHINESE GOVERNMENT IN AGREEING TO THE EASTABLISHMENT OF AN INDIAN CONSULATE

GENERAL IN KASHGAR RESERVES THE RIGHT
TO SET UP LATER A CONSULATE OR CONSULATE
GENERAL IN ANY PLACE TO BE MUTUALLY
AGREED UPON」。同時提出三理由：

（1）西孟加拉省政府不贊成在其邊境設領，當駁以印
度外交權屬中央抑屬地方，此次為何說海德拉巴
對外無外交權，在聯合國大會嚷告？

（2）現與印度正商條約中，有任何國設領處美均可設
一條，恐美援例在噶倫堡設領，當即告以中國管
美對印度要求，只知疏附是中國邊境，噶是印度
邊境，可要求互惠。

（3）彼知詞窮，乃重提不丹、錫金正圖歸印，恐中國
設領發生枝節，當告以中國對印度土邦無興趣，
但中國輿論對西藏邊境情形卻有敏銳感覺，此種
情形立法院及報紙迭有表示，行政院與外交部不
能不正視其批評。

彼沉思復又動筆加「THIS WILL NOT EXCLUDE
RECONSIDERATION OF THE PROPOSAL
TO ESTABLISH A CHINESE CONSULATE IN
KALIMPONG」。倫見其意存以文字玩弄我方，全屬
滑頭話，且詞句似向彼乞恩惠，乃正告曰，請不必對噶
設領看得太嚴重，西藏為中國領土，不足危害印度，坦
白說我方欲在噶設領，潘大使與葉次長所談方式，乃為
顧全面子之婉轉措辭，我方在噶可稍緩設領，但必須得
印度承允在噶設領之諾言，此係君子協定，以他種函件
或紀錄方式出之均可。最後彼頗忸怩說情，用 GOOD

OFFICE 答以當轉達外交部，暗示不能趁王部長在此解決也。嗣報告部長，部長謂行前已告公超兄，對此事不再與談，梅態度既如此顧慮，可暫擱，即潘大使亦不值與談云。特電聞。

羅家倫

〈印度在喀什噶爾設領及我國擬在噶倫堡設領案〉，《外交部檔案（近）》。

18. 王世杰密電外交部對印度要求在疏附設領不必另提附加條件（1948 年 9 月 27 日）

第17號。廿六日。

南京外交部劉次長：

十二號電悉。應仍照葉次長與潘尼加所擬辦法予以同意，不必另提附加條件。

附註：劉次長十二號去電——印要求在我疏附設領及我提在印噶倫堡設領事報告交涉情形並請示。機要室註。

〈印度在喀什噶爾設領及我國擬在噶倫堡設領案〉，《外交部檔案（近）》。

19. 劉師舜函潘尼迦希再度促請印度政府注意中國政府特擬噶倫堡設領願望譯文（1948 年 10 月 2 日）

逕啟者：

貴大使當能憶及，外交部葉次長近與貴大使商談印度擬在疏附設領及中國擬在噶倫堡設領一事時，當獲致下述之諒解：

（一）關於將來在中國及在印度境內設領事宜，印度
　　　政府接受互惠之原則；

（二）中國政府對於印度政府在其請求中所指定之疏
　　　附地方立即設立總領事館一事，當可予以同
　　　意，但仍保留於日後在噶倫堡或其他經兩國政
　　　府相互商定之地方設領之權利。

本政務次長代理部務茲欲奉告貴大使者，即中國政府為
順應印度政府擬早日設立印度駐疏附總領事館之願望起
見，對於上述之諒解表示同意。中國政府對於此項諒解
表示同意之時，並願再度促請印度政府注意中國政府特
擬噶倫堡設領之願望，其理由業經葉次長最近與貴大使
商談時，詳細闡明矣。因此，中國政府希望於此事再經
提名時，印度政府能本於其過去所已善意表現之諒解及
合作精神，同意中國政府原提之請求。

上述諒解如蒙印度政府惠予證實，殊深感荷。本政務次
長代理部務順向貴大使重表崇高之敬意。此致印度駐華
特命全權大使潘尼迦閣下。

　　　　　　　　外交部政務次長代理部務劉師舜
　　　　　　　　中華民國三十七年十月二日於南京

〈印度及緬甸駐華領事官員動態〉，《外交部檔案》；〈印
度在喀什噶爾設領及我國擬在噶倫堡設領案〉，《外交部檔
案（近）》。

20. 內政部方域司復外交部歐洲司箋函喀什係疏附維吾爾語譯名簡稱（1948 年 10 月 4 日）

頃准貴司本年九月三十日司字第七三二號代電，以新疆

省KASHGAR 之譯名及喀什是否為一區域，疏附是否
為喀什區之一縣，囑查明見復等由。准此查KASHGAR
係維吾爾語之一譯，通常譯為「喀什噶爾」，即疏附縣
治「喀什」係其簡稱，並非行政區域，即希查照為荷。
此致外交部歐洲司。

內政部方域司啟

〈印度在喀什噶爾設領及我國擬在噶倫堡設領案〉，《外交
部檔案（近）》。

21. 外交部致英國駐華大使館照會中國政府同意巴基斯坦政府在新疆疏附設立總領事館由（1949 年 3 月 5 日）

逕啟者：

關於巴基斯坦政府擬在新疆疏附設立總領事館，命貴大
使館代為徵求中國政府之同意事，本部王前部長前准貴
大使三十七年七月十二日第二八〇號照會後，本部曾於
同年八月四日以外卅七歐一字第一八三五九號節略復遵
在案。中國政府茲欣然同意巴基斯坦政府在新疆疏附設
立巴基斯坦總領事館，並同意該總領事館之領事區域為
新疆全省。中國政府於同意巴基斯坦政府之上述設領請
求之時持有一項了解，即關於巴基斯坦及中國在彼此領
土內設領事宜，雙方政府均接受互惠之原則，故中國政
府於日後擬在巴基斯坦境內之適當地方設領時，深信巴
基斯坦政府亦必予以同樣之便利與協助。相應照遵，即
希查照惠予轉達巴基斯坦政府，並迅即見復為荷。本部
長順向貴大使垂表崇高之敬意。此致英國駐華特命全權

大使施諦文閣下。

外交部部長吳鐵城

〈巴基斯坦在疏附設領及我國擬在巴國品地設領〉，《外交部檔案》。

22. 外交部呈行政院報告該部關於同意巴基斯坦在新疆疏附設領及與巴國成立雙方互惠設領之諒解事之辦理情形（1949 年 6 月 3 日）

關於巴基斯坦政府請求在我國疏附設立總領事館事，前經英國大使館於去年七月十二日代表巴基斯坦政府，向本部提出上項要求，本部當於去年七月廿八日呈請七月核示。旋奉鈞院去年八月七日（卅七）七外字第三五五八二號指令略開：「案經提出卅七年廿四日本院第十次會議決議通過」等因。

本部由於下述之原因，未即將我方之同意通知英國大使館：

（一）印、巴兩國約於同時請求在疏附設領，意欲搶先接收原代印巴兩國政府辦理在新疆領事事務之英國駐疏附總領事館，本部為避免雙方爭執起見，乃參照我國政府對印、巴二國所持之友誼程度，決定先同意印度之請求，稍後再同意巴基斯坦之請求；

（二）本部原擬對印、巴雙方之設領請求，均提出交換條件，以求互惠，後對於印方，提出我在噶倫堡（Kalimpong）設領，對於巴方，提出我在拉瓦品地（Rawalpindi）設領之請求。關於我在

噶倫堡設領事，印方雖與我爭執已久，終允與
我成立互惠之諒解，本部遂正式同意其請求。
所有各情，業經本部呈報鈞院在案。至於我在
巴國拉瓦品地設領事，因巴方久無表示，亦未
與我達成任何諒解，致本部未即同意該國在疏
附設領。

本部遷穗後，英國大使館復向本部催詢此事。經本部考
慮，認為印度駐疏附總領事館現已設立，我方於該時同
意巴方設領請求，已非過早；且鑒於因與印度洽商設領
問題所引起之不快，且我國目前尚無積極在巴國境內設
領之迫切需要，我方可不必堅持與巴國交換設領，不妨
立即同意巴方之請求，並與之建立互惠設領之諒解，以
保留我國於任何時間在該國境內設領之權利。

基於上述之考慮，本部因於本年三月五日照會英國大使
館轉達巴基斯坦政府，告以中國政府同意巴基斯坦政府
在新疆疏附設立巴基斯坦總領事館，並同意該總領事館
之領事區域為新疆全省；中國政府了解關於巴基斯坦及
中國在彼此領土內設領事宜，雙方政府均接受互惠之原
則，故中國政府於日後擬在巴基斯坦之適當地方設領
時，深信巴基斯坦政府亦必予以同樣之便利與協助。

茲准英國大使館五月十四日照會稱：「巴基斯坦政府
對中國政府同意巴基斯坦在新疆疏附設立總領事館表
示感謝，並願接受互惠之原則，日後中國政府擬於巴
國設領時，巴國亦必給予一切可能之便利與協助」等
語。因此關於互惠設領之原則，我方已與印、巴雙方
成立同樣之諒解。

理合將本部辦理與巴國互惠設領事之經過，備文呈請
鑒核。

謹呈行政院。

　　　　　　　　　外交部政務次長代理部長葉公超

〈巴基斯坦在疏附設領及我國擬在巴國品地設領〉，《外交
部檔案》。

第四節　巴基斯坦聲請加入遠東委員會

1. 顧維鈞電外交部巴基斯坦聲請加入遠東委員會英集團諒必贊同蘇聯即使贊成必將附帶條件請示中國政府意旨（1948 年 1 月 19 日）

南京外交部：

遠東委員會十五日例會經過業已經過第一七二號電陳，巴基斯坦申請加入遠東委員會案：

（一）巴國駐美使館本月十二日致函遠東委員會秘書長，略稱巴基斯坦對日作戰，在人力、財力均有充分貢獻，深信各國必能同意，許其加入遠東委員會等語。

（二）查依照遠東委員會組織條款第五條第一項規定，加入該會條件有三：

　　（甲）由各會員國獲致協議；

　　（乙）認為情勢許可；

　　（丙）申請國係位處遠東或係在遠東有領土之聯合國。

（三）十五日討論該案時，鈞以按照遠東委員會組織條件，增加會員國問題，本會無權處理，似應與各會員國政府逕自商洽，取得一致同意，故詢主席對該條件如何解釋。主席答對此解釋表示贊同，但稱以各會員國意願，在本會討論，似較便捷，未始不可。荷代表發表意見相同，蘇代表謂遠東委員會無權決定本案，主張撤出議

程,主席遂宣告將本案擱置 PUT ON TABLE,
俟各代表接奉政府指令後,再行處理。

（四）查如准許巴國加入遠東委員會影響必大:

（甲）巴國必另索賠償,分散致賠償問題更形
複雜;

（乙）緬甸必繼續要求加入,增加英集團勢力;

（丙）蘇必要求允許外蒙加入,益滋困難。

（五）其他各國態度一時尚難臆測,據英代表團人員
密告,該團態度尚待決定,似不便反對云。又
就目前情形觀察,英集團諒必贊同,蘇聯即使
贊成,必將附有條件,如准許外蒙加入之類,
我國政府意旨如何,請電示。

顧維鈞

〈我國支持巴基斯坦及緬甸加入遠東委員會〉,《外交部
檔案》。

2. 外交部密電顧維鈞巴基斯坦加入遠東委員會事中國 應主張在會外商洽等（1948 年 1 月 21 日）

駐美顧大使:

密。一七三號電悉。

（一）巴基斯坦加入遠委會事,我應主張在會外商
洽。

（二）無論在會內或會外,我非至絕對必要時,我對
巴國請求不作肯定或否定之鮮明表示。

（三）我政府預定之政策,為在將來召集對日和約最
後大會議時,巴可參加遠委會,現時組織則不

應擴充。

（四）如將來各國包括蘇聯一致應允巴國參加遠委會，
　　　我當重行考慮。

外交部東

〈我國支持巴基斯坦及緬甸加入遠東委員會〉，《外交部
檔案》。

3. 顧維鈞電外交部巴基斯坦聲請遠東委員會事三月下旬依該會意旨會外協議巴基斯坦、緬甸加入勢將增加英集團勢力於中國未必有利等（1948 年 5 月 6 日）

特急。

南京外交部：

677 號電敬悉。巴基斯坦加入遠委會事，業經遠委會秘
書處於三月下旬，依照委員會意旨，以此事遠委會無確
決定，應由會員國間會外協議，答覆巴方，爾後並無新
的發展，美方亦未推動此事，緬甸加入事，尚未提出，
鈞意：

（一）遠委會增加新會員國事，既不屬遠委會職權，
　　　而應由會外商洽，我自可以此答覆緬方；

（二）緬甸之要求加入與巴基斯坦同，將增加大英集
　　　團之勢力，無論對現在遠委會，抑對將來和
　　　會，於我未必有利；

（三）倘即贊成緬、巴參加，蘇聯難免會提出外蒙古
　　　加入問題，致我應付上不無困難，仍請核奪。

再今晨駐美緬大使來函，亦作同樣請求，我政府決定態
度後，乞迅電示，俾資答覆。

顧維鈞

〈我國支持巴基斯坦及緬甸加入遠東委員會〉，《外交部
檔案》。

4. 外交部密電顧維鈞巴基斯坦、緬甸加入遠東委員會 事應先循外交途徑進行中國對該二國請求暫不擬作 鮮明表示（1948 年 5 月 26 日）

駐美顧大使：

密。六五一號電悉。

（一）巴、緬要求加入遠委會，應先循外交途徑進行。

（二）無論在會內或會外，我對巴、緬請求，暫不擬
作肯定或否定之鮮明表示。

（三）如將來遠委會其他十國一致應允巴、緬參加遠
委會，我將改作鮮明表示。

外交部東

〈我國支持巴基斯坦及緬甸加入遠東委員會〉，《外交部
檔案》。

5. 顧維鈞電外交部為美國代表對巴基斯坦聲請加入遠 東委員會事另提建議請電示（1948 年 7 月 25 日）

南京外交部：

（一）美代表22 日於遠東委員會向會中提聲明，略謂
巴基斯坦申請加入遠東委員會事，美曾建議利
用本會機構協商之，茲因各國多無表示，特另
提如下建議：各國對此事態度應由遠東委員會
各該國代表或由其駐美利堅使節，以通常外交

> 途徑通知遠東委員會秘書長，該秘書長於彙齊
> 各國意見後報告遠東委員會，倘屆時各國一致
> 應允，則遠東委員會可授權主席或秘書長發出
> 邀請書。
>
> （二）又准巴基斯坦駐美利堅代辦來照，列舉該國對
> 日作戰之貢獻及損失，並引援遠東委員會組織
> 條例，認為該國既為聯合國會員國之一，而又
> 位於遠東，具有加入遠東委員會條件，要求我
> 協助允其所請。
>
> （三）查美方此次建議辦法，仍係借用遠東委員會機
> 構，我除遵奉 735 號電示，應循外交途徑進行
> 之原則外，大部對該建議及巴代辦來照所請有
> 何指示，請電示。

顧維鈞

〈我國支持巴基斯坦及緬甸加入遠東委員會〉，《外交部
檔案》。

6. 外交部電顧維鈞對遠東委員會之將來通知非至絕對
必要時不必答復（1948 年 7 月 28 日）

駐美顧大使：

八七七號電悉。我對美建議可予贊同，但我決定對遠委
會之將來通知，非至絕對必要時，不必答復，各國對巴
入會態度，希隨時查告。

外交部東

〈我國支持巴基斯坦及緬甸加入遠東委員會〉，《外交部
檔案》。

7. 遠東委員會代表團致外交部代電檢呈美外交部來照略謂巴基斯坦聲請加入已達一載茲以地主國之誼切盼貴國政府同意其入會等語（1949 年 2 月 12 日）

外交部鈞鑒：

關於巴基斯坦、緬甸申請加入遠委會事第三八五號電計蒙鑒及，頃准美外部來照，略謂巴基斯坦申請入會已達一載，長此拖延不決，殊欠公允。美政府茲以地主國之誼，特函貴大使，切盼貴國政府同意其入會等語，又緬甸駐美大使近亦來照表示緬政府亦擬入會，向我疏通。查關於此事，本館現已先後接獲紐西蘭大使通知，表示支持巴、緬兩國入會，澳大使通知支持巴基斯坦入會，茲謹檢同該美外部、緬大使來照及有關文件抄件各一份，隨電附呈，祈請鑒核，迅賜電示為禱。

遠委會代表團叩

〈我國支持巴基斯坦及緬甸加入遠東委員會〉，《外交部檔案》。

8. 外交部亞東司簽呈關於巴基斯坦、緬甸要求加入遠東委員會案（1949 年 3 月 1 日）

（一）巴、緬加入遠東委員會足以增加英集團在該會之勢力，並使日本賠償問題趨於複雜，我對巴、緬加入遠東委員會事應暫不表示意見。我可同意巴、緬參加對日和會最後大會，但不擬同意巴、緬此時加入遠東委員會，此項意旨前已電顧大使知照。

（二）茲澳、紐雖支持巴、緬入會，其他美、蘇、

　　法、荷等國尚無明白表示，擬復飭顧大使對於
　　本案仍應暫守緘默，伺各國表明態度以後，我
　　再作最後決定。

仍祈鈞核。

吳鐵城印

三、二

批示：

如擬。

〈我國支持巴基斯坦及緬甸加入遠東委員會〉，《外交部
檔案》。

9. 外交部致駐美大使館代電核復巴基斯坦、緬甸要求加入遠東委員會案（1949年3月3日）

駐美大使館鑒：

關於巴、緬要求加入遠東委員會事，本年二月十二日38
字二五四號代電悉。澳、紐雖支持巴、緬入會，其他
美、蘇、法、荷等國尚無明白表示，我對本案仍應暫守
緘默，伺各國表明態度以後，再作最後決定。

外交部東

〈我國支持巴基斯坦及緬甸加入遠東委員會〉，《外交部
檔案》。

10. 顧維鈞電外交部目下遠東情勢劇變尤以碧瑤會議後中國為增加友邦聲援故緬甸、巴基斯坦入會事似有重行考慮之必要（1949年7月23日）

第268號。廿三日。

廣州外交部：

關於緬甸、巴基斯坦兩國聲請加入遠東委員會事，前以
賠償等問題尚未解決，迭奉大部電示，暫緩表示態度。
目下遠東情勢劇變，且美對日賠償拆遷等問題，立場前
後逡庭，尤以碧瑤會議後，我方為增加友邦聲援計，對
亞洲國家宜多聯絡。故緬、巴兩國入會事，似有重行考
慮必要。頃據美外部稱：此事美方曾邀請各會員國予以
贊助，現僅中、菲、蘇聯三國未表意見，除經令知其駐
華公使在穗與大部洽商，仍請為轉達贊助等語。查緬、
巴加入後，倘均與我同情，自有裨益；否則我在遠東委
員會中，勢將益形孤立。巴基斯坦雖係大英集團份子，
對我尚表好感，尤以對我抗共立場頗懷同情。緬甸對我
態度模稜，且其政府是否左，尤堪注意，似宜電涂使探
詢真相，俾資決定。特電奉陳，統請裁示。

顧維鈞

〈我國支持巴基斯坦及緬甸加入遠東委員會〉，《外交部
檔案》。

11. 顧維鈞密電外交部緬甸駐美大使有關中、菲、荷對 該國聲請加入遠東委員會態度等談話要點（1949 年 7 月 29 日）

第 277 號。29 日。

廣州外交部：

極密。268 號電計達。今午緬甸駐美大使來訪面談：

（一）該國申請加入遠東委員會，時逾一年，十一會員
國中已得七國復允贊助，只中、菲、荷、蘇四

國尚未答復。經洽商美國，以各國現無反對表示，擬請美以地主資格，提議通過。美以未便遽作擅斷，除蘇聯外，仍宜分頭接洽。菲原曾提出以該國應得賠償比額不受影響為條件，現在賠償問題已成過去，菲政府已授權該國代表酌辦，該代表稱，可投票贊成。荷蘭原為荷印問題有所顧慮，現荷印兩方已成立諒解，當亦可無問題。中緬唇齒之邦，望本年早予贊助等語。鈞答謂：我對緬甸鄰邦友誼之深，事實昭著，對所請入會一節，原則上毫無問題，諒以國內多故，致尚未遑及此，上星期又已電催我國政府，迅予核示，得復即奉告。

（二）彼又詢及太平洋盟約事，謂據菲代表稱，所擬以政治、經濟、文化為限，不涉軍事，但彼意實際亞洲共產黨侵略，業已暴露，雖各國限於實力，不克互助作戰，而洽商不談軍事，似亦未宜。因彼認緬甸於防制緬共可無問題，惟確聞對中共將來侵入，尚無防範，不無憂慮。

報載吳前部長訪韓、日，王前部長訪東南亞各國，確否請酌轉接洽。又菲總統應杜總統邀，將於八月八日訪美，順聞。

顧維鈞

〈我國支持巴基斯坦及緬甸加入遠東委員會〉，《外交部檔案》。

12. 顧維鈞電外交部緬甸、巴基斯坦係同時聲請加入遠東委員會中國今既同意緬甸入會對巴基斯坦似宜同時解決（1949 年 9 月 1 日）

第 358 號。一日。

廣州外交部：

608 號電敬悉。查緬甸、巴基斯坦係同時聲請加入遠東委員會，571 號部電曾示原則上我對兩國均可同意，但因當時緬方尚有問題，故巴方亦未通知。又照 569 號電我正對對巴表示友誼，茲以顧及中巴邦交，且大部已電令涂使通知緬政府，對巴似宜同時解決。故除經遂復緬使外，巴使亦經通知，特電陳備案。

顧維鈞

〈我國支持巴基斯坦及緬甸加入遠東委員會〉，《外交部檔案》。

第三章　印度發起亞洲會議與合作組織

第一節　亞洲各國關係會議

1. 譚雲山函呈蔣中正願返國及擔任印度國際時事研究會會員及復印度召集亞洲會議緣由（1946年9月29日）

主席尊鑒：

奉三十五年府交牯字第五六二號鈞諭（代電）及為《中印學報》題字一幀，拜感不盡。組織祝壽代表團事，當即遵命作罷。

客歲晉謁陪都，曾略貢「易道應變」芻議，比蒙諭令上書詳陳，惟因倉促返印未果。耿耿之情，至今不已。邇來國際形勢日益緊張，而我國內紛亂，猶未平息。和平談判，既愈談愈遠；政治協商，又愈協愈離，前途艱險，實難言狀。竊念我主席英明睿智，大仁大勇，繼承國父遺志，領導革命抗戰。事業之難，責任之重；用心之苦，成功之大；夷考古今中外歷史，實無倫比。奈何國人不肖，而有愛心痛狂之徒，罔顧國家民族利益；不但遇事阻撓誤解，甚且造作蜚語，散播流言，希圖破壞。彼固自絕，無傷日月；然外人每不明真象，輒多妄聽之而又妄言之。在此次舉世反侵略大戰之中，我國在鈞座偉大領導之下，抵抗最先，支持最久，犧牲亦最鉅。苟能全國一心，服從命令，遵守國策，運用時機；誠可不僅列為四強之一，且可為未來世界和平之中堅。

茲者不但未能四強並列，人且視我為四等國矣。事之足
以痛嘆與惋惜者，孰有甚於此者乎？噫！我主席固已功
高勞苦，而國人之罪孽實深且大矣。今日之計：一面應
有以正人心，息邪說，詎詖行，放謠辭；一面即應運用
「多道應變」之義，「化小為大」，「化多為一」；使
全國統一團結，從事和平建設。若然，則利害既明，真
偽既分，是非既辨；縱不能使舉國風從，而少數野心難
馴與生性好亂者流，亦無所施其技焉。晚生因愛國情
深，而又感於主席待士之謙誠與謀國之勤苦，心所謂
危，不敢不告。倘蒙賜可，當再返國面陳愚者千慮一得
之見。因書不能盡言，言亦不能盡意；而若等事實，更
非楮墨所能宣者也。再：印度國際時事研究會擬於明
年二月十五日至三月一日之間，召開一亞洲各國關係
會議，須請我國推派代表出席。該研究會為印度各界
領袖名人所組織，晚生亦被推為會員之一，為一半學
術、半社會性之團體。而所擬召開之會議，則有似於
太平洋會議；其籌委會，由尼赫魯先生任主席，聞尼
先生已有函通告亞洲各國政府首長矣。肅此，祇叩崇
安。並祝萬壽無量。

晚生譚雲生謹上

卅五年九月廿九日

〈泛亞洲會議〉，《國民政府檔案》。

2. 蔣中正致譚雲山代電聞印度列西藏為單位邀派代表
出席亞洲各國會議希查明具報（1946 年 11 月 5 日）

譚雲山同志大鑒：

九月二十九日函呈悉兄在印研究文化，效力宣傳，表現
至多，良足嘉慰。所稱印度預備召集亞洲各國會議，
聞對西藏亦列為單位邀派代表，未審是否屬實，希就
近查明具報。對國事意見，可以書面敷陳，不必返國
多勞跋涉也。

中

微府交京

〈泛亞洲會議〉，《國民政府檔案》。

3. 譚雲山呈復蔣中正印度召集亞洲會議之源起與內容祈鑒察（1946 年 11 月 19 日）

主席尊鑒：

三十五年十一月五日府交京字第7862號代電奉悉。印
度國際時事研究會所發起召開之亞洲各國關係會議，對
於西藏亦列為單位邀派代表出席事，此間未有所聞。按
印度國際時事研究會原為印度各界名人所組織之半學
術、半社會性而非政治性之團體；其所發起召開之亞洲
各國關係會議自亦為一半學術、半社會性而非政治性之
集會。尼赫魯先生之為該會籌委會主席，亦係以印度民
族領袖之個人資格及應該會之請求而出任。此會議既與
印度目前之臨時過渡政府無關，亦與印度最大之政團國
民大會無涉。而各國報紙所發表有關此項消息者，與實
際事實略有出入。此其中或不無某種作用，蓋亦一般宣
傳家之普通現象也。此會議之源起與內容既若是，則其
所邀請參加者，亦係以個人團體為單位，而非以國家政
府為單位。聞尼先生之函亞洲各國政府首長，亦係以私

人之交情為之。（此亦僅見於報端，未知鈞座亦接到此
種函件否？）在我國方面，則曾由生建議邀請中印學
會、新亞細亞學會等團體及陳立夫、朱騮先先生等個人
參加。惟個人團體分屬各國；因而國家之名，抑難免混
入也。上係生之所知者如此，茲已再函該會當事人探真
象矣。餘容續陳，祈叩德安。並祝萬壽無量。

晚生譚雲生謹上

卅五年十一月十九日

〈泛亞洲會議〉，《國民政府檔案》。

4. 蔣中正致譚雲山代電十一月十九日函已悉（1946 年 12 月 3 日）

譚雲山同志大鑒：

十一月十九日函呈陳復關於尼赫魯召開亞洲各國國際會
議之源起與內容已悉。

中

亥府交京

〈泛亞洲會議〉，《國民政府檔案》。

5. 譚雲山函呈蔣中正檢呈印度國際時事研究會邀請參 加亞洲會議各國名單一紙乞睿察（1946 年 12 月 6 日）

主席尊鑒：

上月十九日奉上一函，計達鈞座。頃接印度國際時事研
究會來信，謂當初邀請西藏參加所擬召集之亞洲各國關
係會議，係一時疏忽之錯，業已改正，並表歉意。茲附
上該會所邀請之國家名單一紙，敬乞睿覽。查該會原為

一半學術、半社會性之私人團體前已詳陳，而其所擬召
開之會議，其命名含義及其所宣揚辦法，自始即略嫌拖
泥帶水，含糊不清。因其無傷宏旨，故未細論也。中國
機關團體之被邀參加者，為：

（一）中央黨部；

（二）中印學會；

（三）新亞細亞學會；

（四）太平洋學會；

（五）中國外交政策學會。

據該會擬定，每國應派代表八人，交替代表八人。我國
可由上列五機關團體各推派代表一人，另在五機關團體
內外選派一、二人或二、三人，合組一代表團，而以中
央黨部或中印學會為總機關代表，負連絡通訊之責。代
表團參加會議時，並應推選一賢能而有地位者為團長，
另一為副團長。我政府並可另派一人為觀察員。代表團
出發之前，應作若干次集會，共相商討，妥為準備。對
外言論宗旨、行動軌範，須絕對一致，而不可有絲毫散
漫與分歧。蓋必如此，方能不負使命，達成任務，而為
國家民族爭光榮也。印度中印學會第六次全體大會，定
本月廿四日在國大中院舉行。鈞座為學會名譽會長，屆
時可否乞賜一訓電（須前數日拍發），藉增光寵，兼資
激勵？肅此，祈叩崇安。並祝萬壽無量。

晚生譚雲山謹上

卅五年十二月六日

附　件：Indian Council of World Affairs、Inter-Asian
Relations Conference、List of Countries Invited。

〈泛亞洲會議〉，《國民政府檔案》。

6. 蔣中正致吳鐵城、王世杰代電印度國際時事研究會邀請參加亞洲各國會議事希研議具報（1946 年 12 月 30 日）

中央黨部吳秘書長、外交部王部長勛鑒：

據報印度國際時事研究會擬於明年二月間召開一半學術、半社會性之亞洲各國關係會議，我國機關團體之被邀請參加者為中央黨部、中印學會、新亞細亞學會及中國外交政策學會。該部等曾否接到此項邀請照會，如已接到應如何參加，並希研議具報為盼。

中

亥陷府交京

〈泛亞洲會議〉，《國民政府檔案》。

7. 吳鐵城簽呈蔣中正印度尼赫魯召開亞細亞聯誼會議呈復鑒察（1947 年 1 月 8 日）

案奉三十五年底府交京字第八八四四號代電，為據報印度國際時事研究會擬召開一半學術、一半社會性之亞洲各國關係會議，如已接到開會邀請照會，應如何參加，飭即研議具報等因。遵查上項會議，即為印度尼赫魯上年九月來函發起，於本年二月間在印度召開之泛亞細亞聯誼會議，經提出中央第四十一次常會推孫科等十委員先行研究，旋將孫委員等第一次會商決定三項辦法及泛亞細亞聯誼會發起人暨我國被邀請機關團體名稱，一併於三十五年十一月六日以京卅微議字第一四二八號報告

鈞座，嗣復開會商定：

（一）代表人選由被邀各團體自行推定；

（二）政府觀察人員由政府核辦；

（三）議題於三十六年一月份內由各參加團體各先擬
　　　具意見，再行會商紀錄在卷。

將來派員出席時當再將詳情簽請鑒察。

謹呈總裁蔣。

職吳鐵城謹呈

〈泛亞洲會議〉，《國民政府檔案》。

8. 王世杰簽呈蔣中正奉令呈報本部處理印度國際時事研究會召開亞洲各國關係會議一案經過請賜鑒察由（1947 年 1 月 13 日）

奉鈞座卅五年十二月卅日府交京字第八八四四號代電，以印度國際時事研究會擬於明年二月間召開一半學術、半社會性之亞洲各國關係會議，應如何參加，飭研議具報等因。查本部自接該會邀請後，經迭與戴院長、吳秘書長、朱教育部長，及胡適先生等交換意見，吳秘書長已代表國民黨電復該會會長尼赫魯，表示感謝並接受邀請。胡適先生主持之太平洋學會，不擬參加；戴院長領導之中印學會，已致函尼赫魯以時間匆促，籌備不及，暗示請予延期之意。此外新亞細亞學會及中國外交政策學會，對於接受邀請與否尚在考慮中。除學術團體外，印方並擬邀請有關各國政府派遣「觀察員」參加。西藏政府經英國駐藏代表之轉達，亦已接到與我國同樣之邀請。本部當以西藏為我國領土，若我政府派遣觀察員，

則西藏即無派遣之必要，在此問題並未解決前，我政府
派遣觀察員與否，暫難予以考慮。經以此意面告印度駐
華代辦，印代辦允轉達印政府，惟口頭表示：印度政府
一向承認中國在西藏有宗主權而無主權云云。業經面予
嚴詞駁斥；理合將本部處理本案經過，呈報鑒察！

謹呈主席蔣。

〈泛亞洲會議〉，《國民政府檔案》。

9. 吳鼎昌簽呈蔣中正關於尼赫魯氏發起在印度召開泛 亞細亞聯誼會議事研議意見（1947年2月1日）

關於尼赫魯氏發起在印度召開泛亞細亞聯誼會議一案，
前經分飭中央黨部及外交部研議具報在案，茲迭據吳秘
書長鐵城呈稱：已提常會推孫科等十委員先行研究後經
商定：

（一）代表由各團體自行推定；

（二）政府觀察人員由政府核辦；

（三）議題於本年一月份內各團體先行擬定，再行
　　　會商。

又，據王部長世杰呈稱：吳秘書長已代表國民黨電尼赫
魯接受邀請，胡適主持之太平洋學會不擬參加，戴院長
已覆時間匆促，暗示請予延期之意，其他團體參加與
否，尚在考慮之中。至於政府派遣「觀察員」一節，因
西藏政府經英國駐藏代表之轉達，亦已接到同樣之邀
請，本部以西藏乃我國領土，並無派觀察員之必要，當
告知印度駐華代辦，在此問題未解決以前，我政府派遣
觀察員與否，暫難予以考慮。

職謹按戰前我國參加太平洋學會等國際學術會議，因所派代表類多國際知名之學者，雖當時我國家地位不高，仍能受人尊敬，為國爭譽。戰後我國之國際地位增高，在亞洲各國間，無論在文化、學術及政治各方面均應擔任領導之地位。此次尼赫魯氏創召此會，已著先鞭，且此會雖表面上為學術及社會性之會議，在國際政治上之意義，亦甚重大。我國若無充分之準備，將使亞洲各小國對我失望，降低國威；是以必須積極參加，務必在會議中發生領導作用，則於吾將來國際外交之運用上甚多裨益。該會原定二月間開會，現在時間匆促，擬再飭中央黨部及外交部迅速積極籌備，並盡量邀請國際知名之學者及熟諳印度問題之人士，如胡適、傅斯年、沈宗濂先生等踴躍參加，並於出國前充分研究，決定整個計畫，以收宏效；必要時擬電請尼赫魯氏延期開會。是否有當，敬祈鈞核。

職吳鼎昌謹簽

〈泛亞洲會議〉，《國民政府檔案》。

10. 戴傳賢函呈蔣中正印度發起泛亞會議中國必須參加理由呈擬代表團名單及經費（1947 年 2 月 1 日）

敬陳者：

印度尼赫魯先生於亞洲各國政治不安定之際，發起泛亞會議，在時機不免過早，且事前未徵求吾國意見，亦屬疏忽。但會議既經召集，按之國大黨與國民黨過去之關係，及尼赫魯先生與我方之公私情誼，決不宜令其流產，會議開後，亦必須協助其成功。蓋尼赫魯組閣未

久，其政治地位尚未鞏固，會議之成敗，可以影響尼先
生之聲望，而亞洲各國之政治息息相關，印度之成就亦
即中國之成就也。基於上述理由我國必須派遣代表參加
本年三月二十四日在新德里舉行之泛亞會議，而遴選代
表又須極端謹慎。謹本斯旨，經邀集黨團及組織、教育
等部負責人員會商，僉認考選委員會委員長陳大齊同志
學識淵博，寧靜端莊，擔任代表團團長，允屬恰當，其
餘團員均以思想純正之學術專家充之。謹附名單及簡
歷，敬乞鑒核。該會所發請柬，遍於全亞各國重要團
體，並請其政府派員觀察，另外對於個人，亦有請柬。
傅賢於冬初已經接到，近奈度夫人又有書來。因久病初
癒，且在本黨與政府地位，礙難參加，已再函謝之矣。
傅賢附陳參加泛亞會議代表團名單：

團長		
陳大齊	前北京大學校長，現任考選委員會委員長	
副團長		
王星拱	中山大學校校長	
吳貽芳	金陵女子文理學院院長	婦女運動
團員		
林可勝	軍醫署署長	衛生福利
蔣復璁	中央圖書館館長	教育
譚雲山	印度國際大學中國學院院長	中印文化
李濟之	中央研究院研究員	古代文化
徐悲鴻	北平國立藝專學校校長	藝術
沈宗瀚	農林部農業試驗所所長	農業
張茲闓	經濟部蘇浙經濟特派員	經濟
趙九章	中央氣象所所長	數學

上擬各員中，蔣館長現因重傷入院治療，是否屆時能
癒，尚不可知，其餘各團員，亦均待核准後，再趕速接
洽。除觀察員應作政府派遣外，其餘團長團員，均分別
用被邀文化團體代表名義出席，合併呈明。

印度泛亞會議籌備會主席因尼赫魯先生出長內閣，改由詩人奈度夫人擔任，會之性質亦改為注重文化。代表人數眾多，或恐發生意外枝節，增添與會各國及國際間政治上之困難。故政府觀察員一職，異常重要，必須與尼赫魯、奈度夫人等深有私誼者，方克於事前接洽，期於不露痕跡中，有所匡補。中央監察委員沈宗濂同志，學識優良，和藹忠實，與印度執政諸人感情甚篤，堪以勝任，擬責成其與印度及各國代表密切連絡，使提案不溢出文化範圍，而會議得順利結束。

又泛亞會議籌備會誤發西藏請柬，為補救計，曾電令西藏推選代表二人，加入中央團體，現藏政府已呈報派定特吉桑頗丹增頓珠、堪瓊洛桑旺傑二人，各帶隨員一人。所有吾國代表及觀察員呈奉鈞座裁定後，擬將藏代表姓名一併由中央黨部秘書處通知印度泛亞會議籌備會，藏代表之川旅費，亦由中央發給。

至全體所需經費，因團員人數眾多，而全亞各國集會又屬創舉，交際聯絡，自不可少。但國庫艱難，亦應力事樽節，茲就緊縮標準，估量實際需要，謹擬預算如下。

參加泛亞會議代表團經費表

國幣部份：

一、禮品費	擬購茶葉、磁器、繡品等國產分贈各國代表	九百萬元
二、服裝費	每團員各製藍袍黑褂一件、綢衫二件	六百萬元
三、國內旅費	自京出發之團員各二十萬元，平、粵團員各五十萬元	四百伍拾萬元

以上國幣共計壹千九百五十萬元。

印幣部份（單位盾）：

	人數	川資	旅費	辦公費	交際費	雜支
團長	一	二、五〇〇	二、五〇〇	二、〇〇〇	六、〇〇〇	四、〇〇〇
副團長	一	各 二、五〇〇	各 二、五〇〇	各 一、〇〇〇		
團員	八	各 二、五〇〇	各 二、五〇〇			
藏籍團員	一	各 五、〇〇〇	各 五、〇〇〇			
秘書	三	各 二、五〇〇	各 二、五〇〇			
藏籍隨員	一	各 二、五〇〇	各 二、五〇〇			
觀察員	一	二、五〇〇	二、五〇〇	一、〇〇〇	六、〇〇〇	

以上印幣部分，十九人川旅費合計拾萬五千盾，辦公、交際、雜支等費，合計貳萬壹千盾，共計印幣拾貳萬陸千盾。

上列數字如邀俯准，敬請令飭財政部如數撥發，統交代表團團長考選委員會陳委員長大齊具領分發備用，是否有當，統乞睿裁示遵，謹上總裁鈞鑒。

戴傳賢敬呈

中華民國三十六年二月一日

〈泛亞洲會議〉，《國民政府檔案》。

11. 蔣中正致宋子文、王世杰代電中國自應派員參加印度發起之泛亞會議暨核定代表團名單及經費希即如數撥發（1947 年 2 月 3 日）

行政院宋院長、外交部王部長勛鑒：

查印度尼赫魯先生發起之泛亞細亞會議，將於本年三月二十四日在新德里舉行。按照中印關係與我國在亞洲之地位與立場，自應派員參加。惟該會議在籌備召

集之初，即為顧慮與會各國及國際間政治上之困難，其所發請柬以各國重要文化團體為對象。至對有關各國之政府，則只請派遣觀察員一人。我國參加代表雖可分別用被邀文化團體代表名義出席，但事實上應總召組織之代表團前往參加。茲擬定：

（一）代表團團長由考選委員會委員長陳大齊擔任、副團長由中山大學校長王星拱及金陵女子文理學院院長吳貽芳二人擔任。團員由軍醫署署長林可勝、中央圖書館館長蔣復璁、印度國際大學中國學院院長譚雲山、中央研究院研究員李濟之、北平國立藝專學校校長徐悲鴻、農林部農業試驗所所長沈宗瀚、經濟部蘇浙經濟特派員張茲闓、中央氣象所所長趙九章等八人擔任。

（二）蒙藏委員會駐藏辦事處長沈宗濂為觀察員。

（三）又查該會議籌備會曾誤發西藏請柬，已電令西藏推選代表二人加入中央代表團體，現藏方已呈報派定扎薩桑都頗章及堪瓊洛桑旺傑二人各帶隨員一人，其所需旅費亦應由中央發給。

（四）以上代表團全體職員共計十六人，另加秘書三人，總共十九人，除秘書人選由陳團長大齊遴選，其餘團員並囑陳團長分別密洽外，該代表團所需禮品費、治裝費、旅費、辦公費及交際雜費等，共約國幣壹千九百五十萬元、印幣壹拾貳萬六千盾（另附經費表），希即由行政院飭部如數照發，交由代表團長陳大齊具領。

除代表團人選名單應由中印學會請中央黨部秘書處通知

印度泛亞會議籌備處外，關於沈宗濂為觀察員一節，並
希由外交部呈請正式委派為要。

中

丑江府交

附抄經費表一份。

〈泛亞洲會議〉，《國民政府檔案》。

12. 蔣中正致戴傳賢代電所擬參加印度泛亞會議代表團名單及經費可准照辦並如數飭發（1947 年 2 月 3 日）

考試院戴院長季陶兄勛鑒：

二月一日函悉。所擬參加泛亞會議代表團及觀察員人
選，可准照辦，所需經費國幣壹千九百五十萬元、印幣
壹拾貳萬六千盾，已代電行政院如數飭發，交由陳代表
團長大齊具領分發，即希轉知分別洽轉各團員準備一切
暨遴定秘書人選。又關於通知該會議籌備會一節，並請
兄通知中央黨部秘書處辦理為盼。

中

丑江府交

〈泛亞洲會議〉，《國民政府檔案》。

13. 吳鐵城簽呈蔣中正謹將會商參加泛亞會議經過及決定事項報請鑒察（1947 年 2 月 14 日）

案奉鈞座府交字第九五七六號代電，為我國參加泛亞會
議代表團人選及經費，業經照戴委員季陶所簽擬核准，
政府觀察者亦經指定沈宗濂同志擔任，飭知照等由。經

即約集戴委員季陶、陳委員立夫、朱委員騮先、甘委員乃光及其他有關人員會商，當以：

（一）泛亞會議性質與太平洋會議近似（國際社會團體廣泛討論政治問題，不作結論），並非純粹之文化學術會議。如議題中之「亞洲民族自由運動問題」、「種族問題」、「如何由殖民地經濟轉向於國家經濟問題」及「亞洲移民問題」等，均具有重大政治性質。其他被邀請之國家及團體，其立場絕難與我國相同，將來我代表在會議中之處境，必極困難。

（二）印方認為中國對西藏只有宗主權，而無實際主權，故未經徵得我方同意，即貿然邀請西藏政府派遣觀察者參加。我外交部曾向印方表示，如印方不改變此種觀念，將考慮不派遣觀察者出席，但迄今未獲復。

（三）該會原任主席尼赫魯已出任政府職務，主席一職改由奈都夫人擔任。

（四）該會被邀請者為中國政黨及民間學術團體，且係逕行邀請，政府僅得派觀察者，故採用整個代表團方式，印方是否承認，亦待考慮。

（五）奉發下代表團名單，尚未完全徵得各團體之同意，即代表本人，亦尚未予以接洽。西藏政府所派遣觀察者，能否參加中國代表團，作為中國所派遣，亦尚無把握。

（六）除中共已被邀請，及陳嘉庚氏以馬來亞代表身分參加外，民社黨張君勱亦被邀請，張氏已函

外交部請准赴印，國人出席份子，益形複雜。

基於以上諸種原因，僉認為應重加研究，當經決定：

（一）如印方不改變其對西藏觀念，則不但政府不考
　　　慮派遣觀察者，在本黨控制下之各被邀團體，
　　　對派遣代表，亦應分別表示考慮之意。

（二）應仍就原列議題縝密研究我國所應採之立場，
　　　如必須參加時我方派遣人選亦應重加考慮。

奉電前因，除俟續商獲有結果，再行呈報外，謹先將會
商經過，報請鑒察。

謹呈總裁蔣。

職吳鐵城謹呈

〈泛亞洲會議〉，《國民政府檔案》。

14. 吳鐵城、王世杰簽呈蔣中正呈復關於我國參加泛亞洲會議代表人選事（1947年2月17日）

關於奉交核議我國參加泛亞洲會議代表人選一案，前經
職鐵城先行簽呈報告。茲經職鐵城及職世杰熟商之議，
謹再會呈如次：

（一）本黨代表擬由魏道明、鄭彥棻及溫源寧三同志擔
　　　任。

（二）其他團體代表依照該會議邀請辦法，應由各該被
　　　邀請團體自行推舉，但職等仍當先與商洽，以
　　　期人選適當。至西藏派員出席問題，擬由職等
　　　與印、藏兩方洽定適當辦法解決之。

（三）外交部應派觀察員一人，擬由部就葉公超或沈宗
　　　濂二同志中擇一派任。

以上所擬，是否有當，敬祈鑒核示遵。又以上第
（一）款如承核可，可否請鈞座約魏道明同志面告，
並祈鈞裁。

謹呈總裁蔣。

吳鐵城、王世杰謹簽

〈泛亞洲會議〉，《國民政府檔案》。

15. 計晉美函吳鼎昌為前藏政府未請示中央政府選派代表參加亞洲各國關係會議懇請特予注意（1947 年 2 月 23 日）

吳文官長鈞鑒：

敬呈者，此次印度世界大事協會主席尼赫魯東邀亞洲各國舉行泛亞洲會議，被邀之國家三十二單位，西藏亦為其中之一，顯然不尊重我國國土之完整。據悉前藏政府竟不請示中央，業經派定台吉山柱樸昌、堪穹羅桑旺嘉等六人擅主預備出席該項會議。謹具報告，敬懇轉請政府特予注意。專肅，敬頌勳綏。

西藏班禪駐京辦事處處長計晉美謹肅

〈派員參加國際會議〉，《國民政府檔案》。

16. 國民政府文官處函蒙藏委員會為前藏政府未請示中央政府選派代表參加亞洲各國關係會議案希請查核回覆（1947 年 2 月 27 日）

頃准西藏班禪駐京辦事處處長計晉美函，為此次印度世界大事協會，尼赫魯東邀亞洲各國舉行泛亞洲會議，被邀之國家三十二單位，西藏亦為其中之一。據悉前藏政

府竟不請示中央，逕行派定台吉山柱樸昌、堪穹羅桑旺
嘉等六人，擅自預備出席，請政府特予注意等由。准
此，此中真相如何，國府未另得報告，無從懸揣，如有
其事，究應如何應付，應請貴會與外交部迅即密商辦
理。相應函請查明核辦見復，以便轉陳為荷。

此致蒙藏委員會。

〈派員參加國際會議〉，《國民政府檔案》。

17. 陳誠簽呈蔣中正為西藏正式派代表參加亞洲會議並簽具意見敬乞鑒核由（1947 年 3 月 4 日）

茲迭據報西藏地方政府正式派代表羅桑汪吉、桑都博章
等赴印參加即將召開之亞洲會議，其企圖不外：

（一）宣傳獨立，希冀將來國際承認，並向印要求歸
　　　還所占藏地；

（二）堅決反對國民大會所通過憲法中有關西藏之部
　　　分，並圖聯合西康藏族取回舊土等情。

查藏人重利輕義，畏威而不懷德，不遵中央明令，潛設
外交局，且正式派代表參加國際會議，企圖獨立，殊為
不智，擬請轉飭外交部向印交涉拒絕西藏出席會議。所
呈是否有當，敬乞鑒核。

謹呈主席蔣。

〈泛亞洲會議〉，《國民政府檔案》。

18. 蔣中正致王世杰代電為西藏正式派代表參加亞洲會議似應向印交涉希核辦具報（1947 年 3 月 6 日）

外交部王部長勛鑒：

據陳總長（36）三月四日張遐翠字第八〇四號呈稱：據報西藏地方政府近派代表羅桑汪吉、桑都博章等赴印參加印度召開之亞洲會議，企圖：

（一）宣傳獨立，以求將來得國際間之承認，並向印要求歸還所占藏方土地；

（二）堅決反對國民大會所通過憲法中有關西藏之部分，並圖聯合西康藏族取回舊土等情。

查藏政府不先請示中央，擅派代表赴印參加國際會議，似應請外交部向印交涉，拒絕西藏出席亞洲會議，以保我國行政之完整等情。希核辦具報。

中

寅魚侍洪

〈泛亞洲會議〉，《國民政府檔案》。

19. 陳誠呈蔣中正西藏製旗於亞洲各國關係會議懸掛企圖獨立請飭蒙藏委員會制止由（1947 年 3 月 12 日）

據報，西藏政府趕製國旗：白底紅邊，中繡雪山一座，左右繡金獅各一，上空紅日一枚，以備其派赴印代表參加亞洲會議時，懸掛會場等情。查西藏擅派代表參加國際會議，已屬違法，竟另製國旗，其企圖獨立，完全暴露，擬請轉飭蒙藏委員會明令制止，暨外交部鄭重向印交涉，拒絕出席。當否？乞核示

〈革命文獻—政治：邊務（二）〉，《蔣中正總統文物》。

20. 金達電國民政府為西藏政府派印度出席泛亞洲會議代表經歷及製定國旗表示其為獨立國家情形情報（1947 年 3 月 13 日）

西藏政府派桑多頗卯台吉、羅桑汪堅堪炯及三大寺格西九人，與僧俗官、主官之助手兩員，於二月廿七日起程赴印出席在印度所召開之泛亞洲會議。又藏府近接藏在印外交局長電稱，會議中必須懸掛國旗，會議中必須懸掛國旗，請製定國旗送印備用等語，刻藏方正起製國旗中。其樣式為紅底上繡雪山，下秀彩獅子，並書有藏文伯雄（即西藏國字樣），製就後即派員送印。查藏方此舉，係在樹立外交關係，表示其為一獨立國家。茲將出席泛亞洲會議之主要人員詳歷查報如下：

（一）桑多頗卯台吉係三品官，現年三十八歲，為第七世達賴家之後，曾任孝堆巴（普通俗官），不久即任台吉，後因事革職，至熱振主藏時復任台吉，迄今無實缺，僅有台吉空銜，其妻為邦達昌之女，邦達昌曾兩次為其活動葛倫職未成事實，其思想守舊；

（二）羅桑汪堅堪炯，四品官，現年五十三歲，已任堪炯七年，僅有空銜，並無實權，思想守舊。曾任農務局助理，後升任堪炯。

又藏府曾致電在京西藏國大代表，令該等由京返藏時便道印度出席泛亞洲會議等語。

來源：原報人親查。

意見：呈供參考。

〈泛亞洲會議〉，《國民政府檔案》。

21. 鄭彥棻呈報蔣中正赴印參加泛亞細亞聯誼會應請示各節報請核示（1947年3月15日）

竊職奉派赴粵港澳督導團總甄核事宜，業於本月十四日回團。關於奉派赴印參加亞細亞聯誼會一節，謹將應請示各節，奉陳如下：

（一）該項職務職自忖非適當人選，經向吳秘書長鐵城一再陳明，可否轉請另行選派，未蒙遽允。現為時已迫，倘不便另派，職自當遵命前往，並擬定於本月十八日偕各代表赴滬乘機，飛港轉印。

（二）此次赴印似應乘時與彼邦諸領袖加強聯繫，擬請由鈞座或夫人備函致候甘地、尼赫魯諸先生，以便屆時轉致。

（三）如有其他訓示，敬請賜定晉謁時間。

謹呈總裁兼團長蔣。

批示：約明日午前九時半見。

〈泛亞洲會議〉，《國民政府檔案》。

22. 蔣中正致羅良鑒代電西藏擅派代表參加國際會議竟另製國旗希制止並核辦具報（1947年3月17日）

蒙藏委員會羅委員長勛鑒：

據陳總長（36）三月四日張翠遐字第八〇四號及三月十二日張翠遐字第九九九號兩呈略稱，西藏政府近派代表羅桑汪吉、桑都博章等赴印參加印度召開之亞洲會議，企圖：

（一）宣傳獨立，以求將來得國際間之承認，並向印

要求歸還所占藏方土地；

（二）堅決反對國民大會所通過憲法中之有關西藏
　　　之部分，並聯合西康收回康藏舊土，並製成
　　　西藏國旗「白底江邊中繡雲山一座，左右繡
　　　金獅各一，上空紅日一枚」，以備在會議時
　　　懸掛會場。

查西藏擅派代表參加國際會議，已屬違法，竟另製國
旗，其企圖獨立，完全暴露，擬請轉飭蒙藏委員會制止
等情。希核辦具報為要。

中

（卅六）寅筱侍洪

〈泛亞洲會議〉，《國民政府檔案》。

23. 王世杰簽呈蔣中正呈報外交部與印度大使交涉關於出席亞洲會議事（1947 年 3 月 17 日）

接奉鈞座三月六日侍（洪）字第七○一○五號代電，以
關於陳總長呈稱，據報西藏地方政府近派代表參加印度
召開之亞洲會議，企圖宣傳獨立暨反對國民大會所通過
憲法中之有關西藏部分一案，囑核辦據報等因。查該項
會議，西藏經英國駐藏代表之轉達竟亦接到同樣邀請，
本部以事關我國主權，早經注意防範。並將辦理情形於
本年一月十三日呈報鑒核在案。近復來印度大使來華履
新之便，將我國立場向其說明，並請其將下述各點電知
該亞洲會議組織委員會主席奈杜夫人：

（一）政府代表應作為觀察員資格出席，其他學術及
　　　公共團體之代表，稱為出席代表。

（二）出席該會之藏方二人列為西藏地方團體代表。

（三）該會中任何會議不得討論西藏在中國新公布憲
　　　法中之地位及權利等問題。

（四）奈杜夫人於會議中應公開說明政府代表之地
　　　位與其他參加會議之組織及公共團體之代表
　　　不同。

據印大使聲稱，上述前三點業經奈杜夫人在德里表示同
意，本部認為仍須由奈杜夫人來電證實，印大使已允照
辦。第四點印大使亦允去電徵求同意。除俟收到上項來
電再行核辦並呈報外，理合先行呈復，敬祈鑒核。

謹呈國民政府主席蔣。

〈泛亞洲會議〉，《國民政府檔案》。

24. 王世杰密呈蔣中正有關外交部辦理西藏政府派代表參加亞洲會議案經過情形（1947年3月）

密。接奉鈞座三月十七日侍（洪）字第70147號代電以
關於西藏政府派代表赴印參加亞洲會議一案暨據報西藏
代表並攜有新製西藏國旗以備會議時懸掛一節，囑一併
核辦具報等因。查關於本部辦理西藏政府派代表參加亞
洲會議一案經過，業經於三月十七日呈報鑒核在案。茲
據駐印度大使館來電，略以：與尼赫魯及奈杜夫人會談
結果，渠等同意對西藏代表稱為西藏地方團體代表，並
發表新聞在該項會議內，絕對不涉及各國內政問題等
語。本部業經該西藏代表二人列入我國出席該會議代表
團名單之內，並將該名單電令駐印度大使館轉知該會負
責人奈杜夫人，該西藏代表既係以該處地方團體代表資

格出席，如擅製旗幟意圖帶會懸掛自屬違法，本部前准
蒙藏委員會函知上項情事後，即以「仰即與該會籌備人
員密切聯絡，相機建議會場中如懸掛國旗，應以到會各
觀察員所代表之國家為限，西藏為中國行政區域之一，
素無獨立旗幟，如有擅製國旗在國外懸掛者，我政府視
為違法，印度政府亦不應容許，此項商洽進行力求秘
密，免失國家體面，並仰於開會前商妥電復」等語電飭
駐印大使館遵辦，去後茲據該館電復以「頃與奈杜夫人
秘密切商，渠允懸掛國旗以獨立國家如中國、伊朗等為
限，其他即印度本國亦不懸掛國旗，此事可不致發生問
題，並允會中對於西藏事隨時與中國洽商，免生誤會」
等語。理合將本部辦理本案經過情形，呈請鑒核。

謹呈國民政府主席蔣。

〈泛亞洲會議〉，《國民政府檔案》。

25. 羅良鑒簽呈蔣中正已電告西藏政府以此次會議純為文化性質不宜提出政治問題等（1947 年 3 月）

國民政府主席蔣鈞鑒：

奉（卅六）寅篠侍洪字第 70147 號代電，以西藏政府派
代表參加印度召開之亞洲會議，企圖宣傳獨立及要求收
回西康土地，並擬懸自製國旗等情，飭核辦具報等因。
查印度召開亞洲會議，西藏亦被邀參加我外交部，曾為
此向印度提抗議。據印方答復，此次邀請對象純以文化
團體為主，而非以國家為單位等語。現在外交部已將西
藏代表札薩桑都頗章、堪瓊羅桑汪傑二名列入我國出席
亞洲代表之列，一面本會已電西藏政府告以此次會議純

為文化性質，不宜提出政治問題以及印藏劃界等事，會
議期中並應隨時與中央所派代表取得聯繫，俾便協助等
語在案。理合電呈，仰乞鑒核。

　　　　　　　　　　蒙藏委員會委員長羅良鑒敬印

〈泛亞洲會議〉，《國民政府檔案》。

26. 王世杰簽呈蔣中正據駐印度大使館來電陳述亞洲會議開會情形（1947 年 3 月 28 日）

查關於西藏政府派代表赴印參加亞洲會議，暨據報該西
藏代表並攜有新製西藏國旗以備會議時懸掛兩案，業經
本部將辦理該兩案經過於三月十七日及三月廿五日先後
呈報鑒核在案。茲據駐印度大使館三月廿五日來電以：

一、亞洲會議大會共開兩日，昨已開完。

二、第二日指導委員會開會時，西藏代表起立聲明無觀
　　察員出席。

三、大會會場掛有亞洲地圖一幅，西藏自中國區域中另
　　畫界線，經藏代表指出後即行更正等情。

是我方原所引以為慮者，已因西藏出席人員之深明大體
而盡見祛除。理合呈請鑒察。

謹呈國民政府主席蔣。

〈泛亞洲會議〉，《國民政府檔案》。

27. 泰戈爾函蔣中正建請在中國召開第二屆亞洲會議譯文（1947 年 12 月 12 日）

蔣主席閣下：

譚雲山教授請假返國，託其將此函帶呈閣下，順致崇敬

與問候之意。余樂為閣下奉告，以東方各地均見新生之
象徵，敝校創辦人泰果爾先生之夢想正將次實現，前在
德里召開之亞洲會議，前途尚具光明，惟下屆會議以在
貴國召開為宜。中印兩國對於其他東方國家之人民具有
特殊之職責，吾等庶示以榜樣，使兩國間由於文化交流
而相互聯繫、親密無間。余所期望於自由印度者，即勿
蹈只憑協定條約以維持鄰國邦交之錯誤，應站在人類之
立場，重視友誼與諒解。由此點觀之，中印協會與國際
大學等文化團體之任務，誠甚重要，吾等深凜責任之
鉅，而引以為慰。其深信閣下對於促進和平與睦誼之
勢，誠定不亞於吾等，尚期抱定決心，並肩邁進，走向
文明的新曙光。

泰果爾

附啟：關於國際大學，尤其關於中國學院之一般活動情
形，已託譚雲山教授面陳。

〈泛亞洲會議〉，《國民政府檔案》。

28. 王世杰簽呈蔣中正為印度泰戈爾擬在中國召開二屆亞洲會議案奉令議復呈請鑒察（1948 年 1 月 2 日）

奉鈞座卅六年十二月十六日府交第一四五七二號代電，
以據印度國際大學校長泰果爾先生函稱，擬在我國召開
下屆亞洲會議，特檢發原函，飭核議具報等因。查亞洲
各國關係會議，係以亞洲各國之民間團體為主體，政府
僅派觀察員參與其事。其第一屆會議，係於去年三月廿
四日在新德里舉行，會中曾決定下屆會議在中國召開。
該校長來函，似可復以「該會議下屆會議在中國召開，

上屆會議已有決定。此事係由民間團體主持，中國政府屆時將酌予協助」等語；至關於下屆會議之籌備事宜，現正由本部與本黨吳秘書長鐵城暨出席上屆會議代表杭立武先生（係以國民外交協會代表名義參加）洽辦。奉電前因，理合檢還泰果爾校長原函，先行呈復鑒察。

謹呈國民政府主席蔣。

〈泛亞洲會議〉，《國民政府檔案》。

第二節　印度社會黨擬組亞洲社會黨集團

1. 羅家倫密函吳鐵城為印度社會黨秘書面告世界各國社會黨將開會謀新結合印度方面並擬組織亞洲集團恐發生重大國際政治影響（1948 年 2 月 4 日）

極密。

鐵城先生秘書長勛右：

茲有一要事，除將於二月五日電達外，再親自肅函，請先生與岳軍、雪艇及黨部負責諸先生迅速一商。上星期印度社會黨 A. L. Sen 來館相訪，電告世界各國社會黨將於本年五月在義大利 Milan 開會謀新結合，一面與帝國資本主義、一面與蘇聯共產集團相抵抗，大致似第二國際之再生。亞洲方面社會黨將由印度社會黨方面召集，於二月底在仰光開會，先行商量。印度方面並擬組織亞洲集團，將亞洲經濟、農工等特殊情形，先作討論。彼奉命來向弟請教，欲知中國社會主義政黨及勞工組合（Trade Union）、農民團體與自由民主派知識分子團體之情形，及其團體之名字與負責人之通訊處。弟當時立即感覺到：

（一）此集團恐發生重大國際政治、至少國際宣傳上之大影響。

（二）此集團如我黨及政府不設法參與，則在海外活動之反黨、反政府集團甚多，如民盟在外聲勢甚大，勢必百計參加，用作工具，則我黨及政府腹背受敵。

為此與彼談二小時，說明本黨民生主義即社會主義之主張，並告以民盟如何為共產黨之工具，甚至為其化生，並允供給彼中國近似社會主義政黨之名單，故前上一電請教。弟意本黨如能設法參加最好，但決定後尚須努力，因目前國際間輿論，並不對本黨同情，故專開本黨一個名單，甚不妥當。弟意如君勱兄之民主社會黨及為本黨領導之工會等組織，甚至帶自由色彩之學術集團，只要暗中同情本黨者，皆可開單備其邀請，而且如本黨參加，所派出之人必須真信民主主義而真懂得各國社會主義者，才配得上人家的味口。若以通常黨八股的口吻來應付，必起反感，即本黨領導之職業團體代表，也當如此。以前勞不勞、資不資的代表及其作風，萬萬再不可試，試必慘敗。弟在國外見聞較切，故不得不直率言之。如印度社會黨近來勢力日益擴大，其人才見解、能力均強，將來未可限量。此事如要做：

（一）要快；

（二）要用錢；

（三）要得人。

謹陳愚見，乞於得信後三、五天內電覆，否則恐為他人捷足先登。如何？乞酌之。專頌黨祺。

弟羅家倫敬啟

二月四日晚

新德里

《特種檔案》。

2. 羅家倫電外交部轉吳鐵城印度社會黨秘書來談亞洲各社會黨將在仰光開會請速商定國民黨是否參加（1948 年 2 月 5 日）

南京外交部請速轉中央黨部吳秘書長：

印度社會黨秘書 A. L. Sen 來談，各國社會黨將於五月在義大利 MILAN 開會，有復活第二國際可能。亞洲各社會黨將由印度社會黨召集，二月間先在仰光開會，並組織亞洲集團。來詢中國有何近似社會主義之政黨、工農組織或知識分子團體可請，並欲知其負責人，俾發請帖。弟恐共黨及周圍如不設法參與，則民盟等國外機構將乘機加入，藉此大肆攻擊政府，我國更感孤立。究竟本黨參加否，請速與黨政負責同志商定示知，再行設法勸其邀請，並懇將可參加之友及工農、知識分子團體名，速電知。遲恐不及，並請秘密。

羅家倫

微

《特種檔案》。

3. 王世杰函吳鐵城抄附羅家倫代電印度、緬甸、印尼社會黨三方派代表擬組亞洲社會黨集團另邀請我國、朝鮮等地社會黨開會事（1948 年 3 月 11 日）

鐵城秘書長吾兄勛鑒：

關於羅大使前於二月五日來電，以印度社會黨將召集亞洲各國社會黨於三月間在仰光開會，擬邀請我國近似社會主義政黨等組織參加一事，經本部於二月六日將該電轉達左右，諒邀台察。本部對此事曾電請羅大使將詳細

情形電部，茲已獲復。用特抄同羅大使代電暨英文附件
乙份，函請查照核辦，並祈示復，以憑轉知為感。專
此，順頌勛綏。

弟王世杰敬啟

三月十一日

抄附羅大使致外交部代電

外交部鈞鑒：

密。二月十四日條270號電敬悉。查：

（一）印度社會黨係一九三四年成立，主張以民主政
　　　治實現社會主義，反對共產黨之甘為蘇聯工具
　　　及其極權政治。據該黨負責人稱，現有黨員約
　　　三萬餘人，須有相當教育程度，始得入黨，故
　　　黨員人數不多，即非黨員向同情該黨者不少。

（二）三月間在仰光舉行之亞洲社會黨預備會議，係
　　　由印度、緬甸及印尼三國代表所發起。此會目
　　　的一面籌商於亞洲召開第二次世界社會黨會議
　　　之計畫，一面擬組織亞洲社會黨集團。蓋鑒於
　　　亞洲多數國家或甫告獨立，或仍在帝國主義勢
　　　力範圍，社會主義在亞洲之發展及背景既與西
　　　方國家不同，則其在亞洲之運動自應有其特殊
　　　之處，仰光會議除討論亞洲人民應如何脫離帝
　　　國主義束縛，並應防止封建勢力在獨立過程中
　　　把持國家行政外，對各國間若干事項之共同設
　　　計及建設亦將商討。

（三）印度社會黨現係國大黨內之左翼，但認國大黨

之經濟政策係受資本家操縱，故反對該黨，現
未參加印度議會，亦未加入印度國大全印委員
會。該黨黨員現有脫離國大自成一黨之傾向，
惟尚未具體化。

（四）印度並無其他政黨參加仰光會議，將來可能有
同情於社會黨之個人及人民團體參加。

（五）現由印度、緬甸、印尼三國代表分別邀請我
國及馬來亞、暹羅、朝鮮、菲列濱、日本等
國參加。

（六）會址擇定仰光，係緬甸代表提議，印度及印尼
同意，並無特殊用意。

（七）此係亞洲社會黨會議，並無舊日第二國際份子
參加。

茲將印度社會黨送來關於此會說帖一件，抄附備察。其
第一頁第三段第二節被邀國中，原將臺灣列入，經告以
臺灣現為我國一省，業已更正。又該黨擬邀朝鮮社會黨
參加，惟不知其負責人姓名、地址，託我方予以介紹。
如可介紹，並請將姓名、地址以英文開列，以便轉知。
以上各節，並請轉達吳秘書長鐵城為禱。

駐印度大使館叩

附件如文。

《特種檔案》。

4. 王世杰函吳鐵城印度社會黨送請轉寄張君勱兩函事並請示對參加各國社會黨集會意見（1948 年 4 月 10 日）

鐵城秘書長吾兄勛鑒：

關於印度社會黨邀請各國社會黨集會事，本部駐印度大使館前曾專函奉達，諒邀垂察。頃復據本部駐印度大使館呈稱，印度社會黨送來致張君勱先生兩函，請本館轉寄，特檢呈請轉致等情。除將該兩函轉寄君勱先生外，吾兄對參加該大會有何意見，尚悉示知以便辦理為荷。專此奉達，順頌勛綏。

弟王世杰敬啟
四月十日

批示：

本黨未被邀請，或認本黨非社會黨，請查案酌辦復。

鐵城
四、十二

《特種檔案》。

5. 外交部致中國國民黨中央執行委員會秘書處公函已將印度社會黨邀請書轉送張君勱（1948 年 4 月 17 日）

關於印度社會黨邀請中國社會黨參加亞洲各國社會黨會議事，卅七年四月十四日京（卅七）議五一一一號大函敬悉。查該項業經本部轉送本京梅園新村中國民主社會黨辦事處張君勱先生，至民社黨曾否派員參加一節，邀請書尚無所聞。先此函復查照。

此致中國國民黨中央執行委員會秘書處。

王世杰敬啟

四月十七日

《特種檔案》。

6. 駐印度大使館電告外交部並轉國民黨中央執行委員會秘書處暨羅家倫亞洲社會黨會議未能如期舉行並已無定期展緩（1948 年 4 月 22 日）

南京外交部並轉國民黨中央執行委員會秘書處暨羅大使：

經向印度社會黨負責人詢悉亞洲社會黨會議未能如期在仰光舉行，現已無定期展緩等語。詳情續探，奉聞。

駐印度大使館

養

《特種檔案》。

第三節　全印度青年會舉行亞洲青年大會

1. 中國國民黨中央執行委員會青年部致外交部公函准電囑與教育部召集有關各機關會商決定參加亞洲青年大會辦法等由函復查照由（1948 年 2 月 22 日）

頃准貴部本年二月十七日外（37）歐一字第〇三六九九號代電，以據駐印度大使館代電，准孟買全印青年會於本年四月舉行亞洲青年大會，請派員參加等情，囑與教育部召集有關機關會商決定參加辦法等由。查本案前准教育部擬就參加原則二點：

（一）只參加展覽部分，不派代表出席；

（二）展覽物品包括青年學生各種藝術作品及青年活動照片等項。

本部經函復攝有青年生活照片可寄供展覽在案；茲准前由，相應復請查照為荷！

此致外交部。

部長陳雪屏

〈全印度青年會舉辦亞洲青年大會〉，《外交部檔案》。

2. 關於印度舉行亞洲青年大會籌備展覽品談話會紀錄（1948 年 2 月 28 日）

時　　間：三十七年二月廿八日下午二時

地　　點：教育部文教處

出席人：余燕雲（社會部）　　何普豐（青年部）

　　　　韓慶濂　　　　　　　徐柏璞

　　　陳東原　　　　　　宋文愷

　　　李惟遠

主　席：韓慶濂

紀　錄：晏章焱

報告事件

（一）主席報告（從略）

（二）青年部代表報告頃接駐印大使館通知亞洲青年
　　　大會定於三月十九日舉行，較前此外部通知提
　　　前約一月。

討論事件

決議：

（一）青年、社會、教育三部所備展覽物品，統用中印
　　　學會名義送出。

（二）關於展覽品之搜集：

　　　甲、由青年部負責搜集關於青年在科學研究、
　　　　　音樂、體育等方面活動之照片；

　　　乙、由社會部搜集有關社會青年方面之照片；

　　　丙、由教育部社會司搜集青年學生之繪畫作品
　　　　　三十件，由統計處搜集教育統計圖表三十
　　　　　張，由資料室及統計處搜集青年學生各方
　　　　　面活動之照片若干張（以上各種照片收齊
　　　　　後挑選一百張送覽）；

　　　丁、由教育部酌購刺繡、漆器作品。

（三）照片攝製及購置經費預計捌千萬元，由青年、社
　　　會兩部各攤貳千萬元，其餘肆千萬元由教育部

負擔。

（四）展覽物品定於下月五日（星期五）午後二時在教育部圖書館樓上預展，由各部派人共同選擇決定（展覽物品務於五日送集教育部）。

（五）下次開會請外交部代表參加。

（六）展覽物品經過挑選後，經選擇決定，即行裝箱，送請外交部轉寄駐印大使館轉送。

〈全印度青年會舉辦亞洲青年大會〉，《外交部檔案》。

3. 駐印度大使館電外交部為全印度青年會舉辦亞洲青年大會我國似應選青年幹部參加由（1948 年 3 月 3 日）

第 283 號。3 日。

南京外交部：

歐 269 號電悉。亞洲青年大會本月 19 日開幕，後臺為國大黨要人，欲增強亞洲青年聯繫，與最近加爾各答所開青年大會對立，緬甸等國甚重視。我國似應選青年幹部參加，藉作宣傳，以免異黨混入活動。

駐印大使館

附註：歐 269 號去電——為全印青年會舉辦亞洲青年大會，是否有參加必要，希查迅復由。機要室註。

〈全印度青年會舉辦亞洲青年大會〉，《外交部檔案》。

4. 蔣中正致王世杰代電在印度加爾各答舉行之東南亞各國青年大會有中國代表團列席並展覽希查報（1948年3月31日）

外交部王部長勛鑒：

據報最近在加爾各答舉行之「東南亞各國青年大會」曾有「中國代表團」列席並舉行中國學運、青運資料展覽會等情。實情如何，希查報。

中正

（卅七）寅世侍洪

附抄原情報一件。

由國際左傾青年團體國際學生聯合會及世界民主青年聯盟主持在印度加爾各答舉行之東南亞各國青年大會，已於上（二）月廿五日閉幕。中國代表團係以列席資格到會，被推為該會之榮譽顧問，並被請特別發言，報告中國學運、青運狀況。大會最後三日曾專門聽取及討論中國學運、青運之經驗教訓，中國代表團並舉行中國學運、青運資料展覽會，包括自一九三五年一二九運動至一九四八年一二九同濟大學事件歷次學運照片三百餘幀，並決定在閉幕後，陸續在印度各大都市公開展覽。

〈全印度青年會舉辦亞洲青年大會〉，《外交部檔案》。

5. 駐孟買領事館呈外交部部次長呈報亞洲青年會開幕閉幕詳情祈轉各有關機關由（1948年5月12日）

查關於全印青年會舉辦之亞洲青年大會開幕及閉幕情形，業經本館於本年四月二十二日、五月五日以第

一五三號電及交字第一〇四二號呈具報在案。前准中國
中印學會三月十五日函囑，將展覽經過情形及印方意見
函復俾作青年教育之參考等由。查亞洲青年大會籌備之
初，該會負責人同時分別向駐印大使館及本館接洽。本
館以該會適在甘地被刺，印政局不安之際，舉行此種國
際性會議，恐有政治背景，曾鄭重考慮，並多方探詢
真相。旋奉駐印大使館本年二月九日印使（卅七）第
一九六一號代電，飭就近對該會予以協助。復於同年同
月二十四日，奉鈞部第七十九號電飭查明該會性質及是
否有參加必要各等因。當經本館密向孟買政府總理建
議，設法使該會延期舉行等由，並經以第一五一號電呈
在案。該會乃仍按照原定計畫開幕主持，開幕人及負責
人致詞所言，均與該會舉辦宗旨漠不相關。該會內容亦
極空虛，且無正式外國代表到會，所有與會之少數外國
人士為雜湊而成因之。開幕之後孟買報章頗多譏評，我
國展覽品於收到後，即送交該會，旋接准該會函請轉請
我政府指派代表或觀察員二人或一人出席該會等由。本
館一方面為在感情上不便嚴加拒絕，以免引起彼等反
感；另一方面為欲獲悉該會開會真實內情，於本年三月
三十日以第一五四號電請核示，准予在旅孟華僑中指
定華僑學校教員徐克清等二人為觀察員，奉本年三月
三十一日第八十五號鈞電准予指定該二人為觀察員等
因。除遵即指定該二人為觀察員及函復該會外，並召集
該二員到館指示出席觀察時應注意各點。經數次與該會
負責人約定該員等前往會晤時間，嗣據該觀察員報告，
以該會負責人不遵守約定時間，終未獲晤等語。至本館

所送交之展覽品，想係該會因有人企圖搗毀會場之謠諑
甚熾，始終未見陳列。本年四月七日報載該會會場起
火，自此以後以亞洲青年為號召，而顯另具政治作用之
會議，乃無形瓦解。據觀察員徐克清等本年四月二十四
日擬具報告到館後，本館即向該會負責人洽還我國展覽
品。茲大部展覽品業經送還，惟其中遺失刺繡一幅、國
畫二幅、照片十六張，該會負責人已允設法尋覓。檢還
所有該會送還之展覽品，可否留存本館作為今後對外宣
傳之用，抑或寄返國內，敬乞核示祇遵。並祈將該會之
籌備開幕及閉幕經過情形，咨轉中印學會暨有關機關。
謹呈外交部部次長。

駐孟買領事王榮第

〈全印度青年會舉辦亞洲青年大會〉，《外交部檔案》。

6. 駐孟買領事館呈外交部部次長關於參加亞洲青年大會轉呈駐印度大使館事由（1949 年 1 月 31 日）

查關於我國參加亞洲青年大會展覽品事前奉鈞部外
（37）歐一字第一六二五八號代電，飭將該項展覽品在
孟買附近地區展覽後寄德里駐印大使館續作展覽等因，
經遵於上年雙十節參加孟買華僑學校舉行。該校學生藝
術作品公開展覽過後，原擬立即寄往德里駐印大使館，
惟後因鑒於照片、刺繡等件，前由國內航寄來印多有破
損，恐郵寄不妥，而一時又無妥人前往德里，且當時尚
期亞洲青年大會開會期間，因火災而遺失之照片十六
張、刺繡一幅、青年圖畫二幅能設法追回，俾可在孟買
參加當地人士舉行範圍較大之展覽會，不料該項遺失物

品，經本館再三向亞洲青年大會催查，迄今仍無下落，
時間既久，恐難有追回之望。故現乘加拉基人人企業公
司俞百祿君路過德里之便，已托其將所有展覽品全部帶
往德里，轉呈駐印大使館備用。奉電前因，理合呈復，
敬乞鑒察備案為禱。
謹呈外交部部次長

　　　　　　　　　　　　　　駐孟買領事王榮第
〈全印度青年會舉辦亞洲青年大會〉，《外交部檔案》。

第四節　印度籌組亞洲區域組織

1. 沈宗濂密呈蔣中正請示可否出席印度所召開之泛亞會議（1949 年 1 月 7 日）

印度召開泛亞會議，我國已受邀請，此舉關係甚大，應採積極行動，謹就所見，密陳鈞察：

一、我對印度當其受英壓迫顛沛之時，曾力主正義，為之聲援呼籲，以有今日。職前奉使印度時，尼赫魯曾親言中印聯結即人類半數之結合，足以抵抗任何侵略，今正同立於反共陣線，自應力求結合，互為策應。

二、西方反共陣線，已結聯盟，我正可利用此時機，發動泛亞反動陣線之結合，以獲致多助，俾益戡亂。

三、外交部對此會議，聞已決派駐印羅大使為觀察員。查此次參加各國，均派代表至少二人，即澳洲亦復如此，我國似應同樣態度，以示重視。如蒙鈞座派職參加出席，謹當本昔日交誼，周旋其間，以促進中印之結合。

該會定於一月二十日開會，感激請縷，伏維睿鑒。

〈泛亞洲會議〉，《國民政府檔案》。

2. 吳鐵城呈蔣中正關於派員列席印度所召開之泛亞會議事（1949 年 1 月 19 日）

案奉本年一月十四日府貳字第二五九〇號鈞電，以據沈宗濂君本年一月七日密呈，為擬出席印度泛亞會議，可否乞核示等情。查沈君對印度情形甚為熟悉，所陳不為

無見，附發原密呈，飭核辦等因。查此次印度召開會議
之目的，依其所自行宣布者，為商討印尼問題。關於該
項問題，我國處境頗為困難。蓋在道義上，我固應本乎
聯絡世界上被壓迫之民族，共同奮鬥之原則，盡量扶助
印尼獨立；而從保僑之實益著想，則又對於荷蘭未便過
事指謫，自與我國處境不符，如過於消極，徒增弱小民
族反感，且荷蘭方面，亦未必見諒。如拒絕參加，亦難
免被誤解為我對東方民族之休戚，漠不關心，而使此後
彼此聯絡，益增困難。再四籌維，似惟有僅派一觀察員
列席，庶不致因積極參加而影響在荷印二百萬華僑之利
益；而在對外方面，我仍可表示我為聯合國安全理事會
常任理事，印尼問題最後仍有待於安全理事會予以解
決，我當繼續在安全理事會盡力所能以謀此問題之合理
解決；至派觀察員列席泛亞會議之舉，無非為關心東方
民族之表示。基於上述觀點，我似以派駐印度大使為觀
察員就近列席該會議，最為適宜。經以此意呈奉行政院
核定後，於本年一月十四日通知印度，並電知駐印大使
羅家倫逕辦各在案。依此情形，現似無另行派員之必
要。奉電前因，理合簽請鑒核。

謹呈總統。

〈泛亞洲會議〉，《國民政府檔案》。

3. 羅家倫電吳鐵城關於尼赫魯欲組亞洲區域組織事 （1949 年 1 月 25 日）

第 52 號。25 日。特急。

南京外交部吳部長：

24日尼赫魯請到全國使節，商亞洲區域組織，新西蘭、澳洲未到，皆來電不參加。尼赫魯根據前電第三條決議，徵求各政府意見，正式公文列具體條款，將發出，預定下月十五日集會新德里。問題接近詳細討論。

羅家倫

〈印度建議成立亞洲國家合作機構徵詢我國意見事〉，《外交部檔案（近）》。

4. 羅家倫致外交部快郵代電關於印尼會議決議係欲貫徹印度成立亞洲國家組織之目的（1949年1月29日）

外交部鈞鑒：

關於印尼會議情形業已摘要電陳，並將詳情繕就報告，日內呈送鑒核。查該會通過第三決議案，原文為「The conference expresses the opinion that participating Government should consult among themselves in order to explore ways and means of establishing suitable machinery, having regard to the areas concerned, for promoting consultation and cooperation within the framework of the United Nations.」本月廿四日尼赫魯總理根據此決議案，召集參加該會之代表及觀察員舉行非正式會議，彼此交換意見。事先由印方草就 Asian Cooperation 意見書一件，分發參考。業以一月廿五日453號電陳。頃准印度外事部函附關於是日會議之備忘錄一件，請轉達政府，並請我方於二月底以前，對其中提議事項表示意見。印外事部於接到各國政府意見後，並擬分送與會其他各國參考。俟各方意見收到後，即召集與會各國駐印

外交代表在德里舉行非正式會議，討論第三決議案之實施，亦即商討此項備忘錄中之要點。預定會期為三月十五日，諸各國中，如在印京無常駐外交代表者，可另派代表參加。查印方此舉係欲貫徹其成立亞洲國家組織之目的，備忘錄首段列舉七點係裝飾門面，彼所注重者在第四段內：（一）此組織包括各地理區域及國家；（二）機構之成立應否待各國政府同意，抑以一部分同意國家為根礎先行組織；及（三）機構組織之內容及其功能三點，我方務須事前妥為研究，決定政策，於二月底之前理應予以答復。茲將印外事部來函及備忘錄抄附並檢附在一月廿四日非正式會議席上印方分發之Asian Cooperation 意見書各一份，呈請鑒核示復，俾使轉知為禱。再本代電繕就兩份，寄南京、廣州，合併陳明。

駐印度大使羅家倫

〈印度建議成立亞洲國家合作機構徵詢我國意見事〉，《外交部檔案（近）》。

5. 外交部條約司簽呈印度建議設立亞洲國家合作機構徵詢我國意見事（1949 年 2 月 17 日）

一、查印度大使館來略所稱印度政府建議亞洲各國合作，並設立合作機構一節，係以該國前所發起召開商討印尼問題之會議決議案為依據。我國在該會議中，以保僑立場與扶助弱小民族政策相衝突，處境殊為困難。故僅派羅大使為觀察員列席，且始終未發表言論。印度則利用此項時機，爭取亞洲領導地位。其所提上述建議，主要用意，似亦在於此。

二、印度政府該項建議，在原則上，似無可疵議，
　　且其中如亞洲各國駐聯合國代表及其出席聯合國
　　各項會議代表保持密切聯繫各節，原為我國所創
　　議，且早經付諸實施。顧其所建議之合作機構，
　　如果成立，我國固無理由，拒不合作，然如竟參
　　加，則又因亞洲各地民族紛謀獨立，每與我保僑
　　立場相衝突，勢將遭遇與在處理印尼問題時之類
　　似困難處境，而坐視印度爭取亞洲領導地位。

三、本案據駐印羅大使觀察，亞洲各國贊成設立該機
　　構者不多。茲錄引其語如下：（一）「藉印尼問
　　題在新德里成立常設機構，係印度目的，但各國
　　意見分歧，緬甸、阿富汗贊成此議，巴基斯坦、
　　錫蘭等主張到會各國就近在成功湖協商，只限印
　　尼問題，內心反對尚鉅。」（本年一月二十二日
　　電）；（二）「（印尼問題）會議閉幕，決議要
　　點：……（3）表示願望與會各國商組協商合作機
　　構，此係印度亞洲集團本意，會場半數反對，故
　　用表示願望等語求通過。」（本年一月二十三日
　　電）會場情形及各國態度如此，印度該項建議，
　　容有消滅於無形之可能。

三、在此種情形下，我國似宜以不甚積極之語氣，對
　　印方作如下之答復：
　　　（一）對印度政府所提各項原則，如亞洲各國交
　　　　　　換情報暨意見，及其出席聯合國各項會議
　　　　　　代表保持密切聯繫各節，表示贊同。
　　　（二）對於亞洲各國合作之地理範圍、機構及其

功能等具體事項，應俟將來各國就第一段
所列原則表示意見，及視自願參加合作之
國家多寡，並獲悉各國在將來可能召開之
會議中所表反響後，始使核議。屆時當詳
予研究，並行奉達。以上所擬，是否可
行，敬祈核示。

條約司謹簽

〈印度建議成立亞洲國家合作機構徵詢我國意見事〉，《外
交部檔案（近）》。

6. 外交部致印度駐華大使館節略為復關於印度建議設立亞洲區域組織事（1949 年 2 月 22 日）

外交部茲向印度大使館致意，並聲述接准大使館本年二
月八日節略，檢送關於將來合作問題之備忘錄一件，請
對於其中第一段所列建議及第四段，特予注意，並盡速
核示意見等由，業經閱悉。

中國政府對於該備忘錄第一段所列各項原則，自表贊
同。其中如亞洲各國駐聯合國代表及出席聯合國各項會
議代表保持密切聯繫及自由洽商各節，原為中國政府所
創議，且早經付諸實施。中國政府希望此項聯繫，今後
仍能繼續維持，並予加強。

至該備忘錄第四段所開問題，中國政府現正詳加研究，
擬俟有關各國對第一段所列原則所抱意見漸趨明朗後，
再行核議奉達。相應略復查照轉達為荷。

〈印度建議成立亞洲國家合作機構徵詢我國意見事〉，《外
交部檔案（近）》。

7. 外交部致駐印度大使館代電關於印度建議設立亞洲合作機構事（1949 年 2 月 22 日）

駐印度大使館：

關於印度建議亞洲各國合作協商一事，本年一月二十九日印使（卅八）字第一三六號代電暨附件均悉。查印度政府該項建議，在原則上，原無可疵議，且其中如亞洲各國駐聯合國代表及其出席聯合國各項會議代表保持密切聯繫各節，原為我國所創議，並早經付諸實施。顧其所建議之合作機構，如果成立，我國固無理由，拒不合作，然如竟參加，則又因亞洲各地民族紛謀獨立，每與我保僑立場相衝突，勢將遭遇與在處理印尼問題時之類似困難處境，而坐視印度爭取亞洲領導地位。在此種情形之下，唯有以不積極之語氣，答復印方，僅對其所提原則，勉表贊同。本部同時接准印度大使館節略，就本案徵詢我國意見，業以上述態度略復該大使館在案。令抄發本部復略一件，電希知照參考，並將本案發展情形隨時報部為要。

外交部（條）

附件。

〈印度建議成立亞洲國家合作機構徵詢我國意見事〉，《外交部檔案（近）》。

8. 羅家倫密電葉公超為尼赫魯召集參加印尼會議使節討論現勢擬參加惟不發表意見（1949 年 4 月 6 日）

第 463 號。六日。急。

廣州外交部葉次長公超兄：

密。尼赫魯四月十三日召集參加印尼會議各國使節，名
為討論印尼現勢，弟理應參加，惟不擬發表任何意見，
部方如有指示，請電示。

　　　　　　　　　　　　　　　　　　　　　　羅家倫

〈保護荷印華僑（十七）〉，《外交部檔案》。

第四章　西藏問題

第一節　英、印對藏謀略

1. 蔣中正致王世杰代電為沈宗濂此次赴尼泊爾授勛經過印度探視獨立情形並可與舊識尼赫魯洽談藏印等問題希特加指示（1946年10月21日）

外交部王部長勛鑒：

據報印度政府現正著手改組其文官處及邊政機構，聞印領袖聽信文官處之英勢力進迫印邊為恫嚇西藏，保持其邊疆之地位，九月廿五日黎吉生赴江孜，關係顯利夫等相會，或將赴印參與文官處改組事。據一般觀察，印人可能允許英人繼續經營邊區，英方現正發動西藏政府與印新政府樹立外交關係，希冀英藏一切條約協定繼續有效，西藏外交局長索康現到崗多，此行用意在探視印度獨立情形，並與尼赫魯等會晤，以決定西藏之立場，近來藏印間活動頻繁等語。印度政府此種對藏態度，極堪注意。查沈處長宗濂與尼赫魯係舊識，除已囑其乘此次派赴尼泊爾授勛經過印度之便，可往訪尼赫魯，與其洽談，以視其反應如何再定交涉方針外，特電知照，並希對沈處長特加指示為要。

中正

酉馬府交京甲

〈藏案紀略〉，《外交部檔案》。

2. 沈宗濂函呈王世杰定於十一月初旬赴尼泊爾附呈英人謀藏實況及運用外交穩定西藏之說帖（1946 年 10 月 25 日）

雪艇部長鈞鑒：

宗濂奉鈞命前往尼泊爾國慶賀新任總理登位，定於下月初旬就道。敬乞指示時間，俾趨聆訓教。附呈英人謀藏實況，謹請核閱是幸。肅叩崇安。

沈宗濂敬肅
卅五、十、廿五

附件：運用外交穩定西藏之說帖

一、西藏過去之局勢

西藏為我國西陲，自唐貞觀十四年，其酋長松贊岡布尚文成公主後，與中原通婚姻貿易；其高僧教主，亦代受元明封號，來往頻繁。迨清季平準噶爾，降尼泊爾，兩拯西藏之危，藏人傾心內附。清廷設官統治，駐軍鎮邊，立卡收稅，二百餘年間，西藏與內地關係之密切，迥非其他藩屬所可比擬也！

至清末國力衰弱，向臣屬於西藏之不丹、哲孟雄（即錫金），先後為英國所攫奪。光緒三十年，英人侵藏，直搗拉薩，駐藏官兵無力阻止。民國成立後，又軍閥割據，連年內亂，邊事無人過問。西藏官民，咸知軍事上、經濟上，西藏缺乏獨立條件（見註），非依賴中央，必須聯英以為聲援；既見中原多事，不足以恃緩急，英人又乘間蹈隙，利誘威脅，遂轉而以親英為務。

註：全藏現有兵六千五百人，武器共有來福槍五千枝、

機關槍十六挺。因地高氣寒，物產稀少；茶葉來自川滇，絲綢運自京杭，日用品多出北平，馬匹則產於青甘。其他生活用品，如布疋、毛呢、火油、火柴、米麵，均仰給於印度。

二、英人在藏之勢力

（1）在拉薩設代表處British Mission，歸錫金行政長官指揮Political Officer in Sikkim，經常駐有英籍代表一人、醫官一人、無線電工程司一人、錫金籍秘書隨員五、六人，均屬印度文官系統。Indian Civil Service 行政經費，亦出諸印度國庫。（註）

　　　　註：在條約中從未有英國得派代表，常川駐紮拉薩之規定。

（2）藏內亞東（光緒十九年藏印續約）、江孜及噶大克三埠為商埠，英國各派商務委員一人（光緒三十年英藏拉薩條約）Trade Agent。現時江孜、亞東各駐印軍五十名，但江孜一處之營房，可容軍士五百人；兩處均有英籍軍官統轄。（註）

　　　　註：光緒三十四年藏印通商章程第十二款：「中國允在各商埠及往各埠道中，籌備巡警善法；俟此種辦法辦妥，英國允即將商務委員之衛隊撤退，並允不在西藏駐兵，以免居民疑忌生事。」

（3）英人在藏享有治外法權。（光緒十九年藏印續約第十二款及卅四年通商章程第四款）

　　　　註：咸豐六年西藏尼泊爾條約給與旅藏尼泊爾商賈之治外法權。西藏境內並無英國商民常川居住，故藏人對此並不重視。

（4）自江孜至印度之有線電報、長途電話及郵政之管
理權。

註：藏印通商章程，第六及第八兩款聲明：如中
國電線接修至江孜或中國在西藏妥立郵政時，英
國可酌量將印邊至江孜之電線移售於中國，並載
撤英商務委員之郵遞。

（5）侵占藏邊希馬拉亞山南麓地區。自不丹以東，至
西康之察隅為止，包括門達旺、路瑜、白馬岡及
雜瑜區域。

上述地域邊境雖未清劃，但藏政府設官收稅，並有戶
口清冊，主權屬於西藏，有確切證據。近年英人派遣
軍隊（每隊三十人至五十人），逐步進占，築柵立營，
禁止藏官收稅。最近調查：英人已在離察隅十餘里之
轄襪樹立界碑，瓦龍建營房，懸英旗，且有興築飛機
場之準備。

英人侵占藏境，並無條約根據。僅辛姆拉條約附一地圖
（此地圖從未隨條約公布）。此圖極為簡略，印藏邊界
用紅色鉛筆劃一粗線，將希馬拉亞山南麓劃印境。藏代
表不察，貿然在圖端蓋一官章，英人即藉口認為西藏同
意割讓。但西姆拉條約，未經吾國核准，西藏亦無意遵
守（辛姆拉條約附件現定「西藏不得派代表出席中國國
會及類似機關」。現時西藏派代表出席國民大會，是不
願遵守辛姆拉條約束縛之明證。）此附圖自然無效。

三、今後穩定西藏之策略

希馬拉亞山南麓，多崇林，產茶米，為全藏最富饒之
區，泰半為大寺院及藏官之封邑。英人強占後，藏人對

英觀念,為之一變。加以中央抗戰勝利,許西藏高度自治,印度獨立風潮,英國已無法遏制;種種因素,促進西藏之內向。倘中央能把握事機,因勢利導,敦睦中印之友誼,鏟除英人侵略西藏之大本營,苟無外來之誘惑,西藏決不致再徘徊歧途。故欲轉圜西藏之局勢,外交為重。為今之計,首先似應:

（1）清劃印藏國界,及聯絡錫金、不丹。現時印度獨立,雖見端倪,但可顧慮者,印度獨立後,英國仍維持印度北陲尼泊爾、錫金、不丹諸小國之關係,居高臨下,一面可藉以控制印度,一面可操縱西藏,覬覦康、青。應付此情勢,我國似宜乘尼赫魯主持新印政府之際,尼赫魯對我感情素篤,與印商訂友好條約,恢復印藏舊界,收復近年為英人侵占土地。並與錫金、不丹聯繫,鼓勵其脫離英國關係。

（2）交涉撤軍。英國自一九〇四年侵藏後,至今在江孜、亞東二埠駐兵。江孜離拉薩一百六十一英里,威脅甚大。似可密令駐英大使,試向英政府要求撤退二處駐軍。西藏對此向表贊同,並曾聲明如有必要,西藏可派遣人員前往倫敦,協同中央辦理交涉。想撤退少數之駐軍,無關大局,工黨內閣或不致十分堅持也。

中央如能與印度清劃國界,或能促使英國撤退藏境駐軍,二者成其一,中央在藏之聲望,即可指日重振,而西藏之徬徨迷離局勢,亦可從斯穩定矣。上陳管見,是否有當?敬乞鈞裁。

職沈宗濂謹呈

卅五、十、廿四

〈藏案紀略〉，《外交部檔案》。

3. 蔣中正致王世杰代電據報過去英藏條約英方所享權利準備全部移交印度政府又沈宗濂離藏後現藏人對中央觀感每況愈下（1946 年 11 月 10 日）

外交部王部長勛鑒：

據報英國駐拉薩代表李查理已於九月間返印，聞係會商印度邊政問題，英方對目前所有之殖邊機構，擬請印度過渡政府暫予保留，至印度正式政府產生後，再行交出，但過去與西藏所訂之英藏條約，凡應享受之權利，則準備全部移交印度政府。最近西藏外交局長康扎薩應李查理之邀，往新德里與印當局尼赫魯會晤，似此西藏於印度又發生外交關係，西藏外交上勢將發生一大轉變。對西藏之政局，恐亦將有變動。查我自駐藏代表沈宗濂離藏後，現無人負責，藏人對中央之觀感每況愈下，不可不慮等情。希密切注意。

中正

（卅五）戌灰侍宙

〈藏案紀略〉，《外交部檔案》。

4. 國防部保密局呈蔣中正英國唆使西藏獨立情報（1946 年 12 月 15 日）

一、英國唆使西藏獨立

（一）英方近建議西藏政府，謂中央因共黨造亂，無

力顧及西藏，正可乘機獨立。萬一中央以武力
干涉時，英方願助軍火及食糧，但不能出兵援
助。

（二）藏王達扎庸弱無能，欲採納英方建議，但僧官
及民眾均表示反對，意見尚未一致。

〈革命文獻—政治：邊務（二）〉，《蔣中正總統文物》。

5. 中國國民黨中央調查統計局呈英人侵藏及脅迫藏政府派代表團赴印參加泛亞洲會議之活動情報（1947年4月5日）

據報：

英人侵略西藏，陰謀已久，除置駐藏代表於拉薩外，並
在夏駟、江孜兩地，駐戍屬兵，復於各地建立電訊、醫
院等設備，以為間諜組織，從事調查及測繪工作，其潛
在勢力，日益擴張，我中樞在藏之政治活動，輒受梗
阻，因之邊陲局勢，愈形危殆。茲將其最近活動情況，
列報如次：

一、當西藏選派代表團出席國民大會時，英駐藏代表雷
卻生藉口所謂「西姆拉條約」，提出抗議（該約規
定西藏為獨立國家，非經英方同意，不得參與任何
第三國會議），嗣以西藏團毅然入京，陰謀未逞，
乃以印度行將獨立為誘餌，唆使西藏醞釀獨立之要
求，雷氏並於赴印參與殖民會議返藏後，復以印度
政府召開泛亞洲會議為詞，脅迫藏政府派遣三柱頗
張召吉及農務局堪充一人組織代表團赴印參加，一
如出席國民大會然，是英人在藏之陰謀，在使西藏

脫離中國版土，淪為英之附庸，以遂其侵略中國邊
疆之目的，業已昭然若揭。

二、拉薩市區英方間諜網，組織益見擴大，尼泊爾及
拉達克人百分之八十為其情報人員，三十五年七
月間，前英駐藏代表謝爾夫少將，曾率助手十二
人，駝馬二十四，以採集標本為名，由印度噶倫
堡出發，沿藏南邊境，經崔南宗及丁佈一帶，測
繪要隘，歷時九月尚未返印。

三、英方最近發布之地圖中，已將雅魯藏布江沿岸地區
劃入印邊國防，並確定方位為駐軍給養之區，印藏
邊疆交通要隘近復施行嚴密封鎖，非熟悉藏語者，
不易入藏。每一漢人入藏，英方必加監視，對於留
在印藏之中國政府人員，目為特工，不時搜查，甚
至非法逮捕，英人之對西藏，不啻視為禁臠云。

〈藏案紀略〉，《外交部檔案》。

6. 國防部保密局呈蔣中正英國贈送西藏地圖情報（1947 年 4 月 12 日）

據本局拉薩站長蕭崇清報稱：

英國參謀本部贈送西藏政府之西藏全圖一份，內容至
為詳盡，極有參考價值，經職站副站長張致中在藏府
機要秘書處發現，由職設法獲得，謹將原圖賫呈鑒核
等語，茲隨文附呈西藏全圖一份，謹請鑒核。查該圖
係英人秘密測繪，藏方僅有此一份，蕭等竟能設法獲
得，至屬不易，乞俯賜核獎，以資鼓勵。可否？乞示
遵。（圖存局）

判斷或擬辦：經請測繪局派黃科長遇賢來局鑑別，據稱此圖頗為珍貴，英國雖有此圖，絕不出售等語，查蕭崇清、張致中設法取得此圖，允宜獎勵。擬交國防部第一廳依據陸海空軍人事法規（搜集敵人文件獎勵辦法第三條十一款）各頒勛獎章，並將此圖交測量局翻印備用。

批示：如擬。

〈革命文獻─政治：邊務（二）〉，《蔣中正總統文物》。

7. 國防部第二廳呈蔣中正英國對康藏邊境窺蝕情形報告（1947 年 5 月 18 日）

一、西藏政府向英國購槍三千枝，以西康之科麥縣作抵押，現英國催該縣縣長移交，該縣長正請示中。

二、西康之察隅、瓦龍兩地，藏方於民卅三年割讓與英國後，英國即自印屬薩地亞至瓦龍、察隅沿線，築營房三處，計駐有印度及尼泊爾籍兵三百人。

三、英國在察隅築有小飛機場一處，以投擲軍用品。

四、四月間有英人二十餘名，經門達旺抵波密，以採取植物標本為名，作實地考察，又波密頭人（紳士）噶尺巴為英人之嚮導，宜早收容，以免外人利用。

行政院張院長八月三十日核議意見

經飭，據西康劉主席密查復稱，英人於民卅四年在瓦龍建有飛機場一處，並豎立石碑，碑上除書「有朋自遠方來」中文外，並註有英文，土人呼為界碑，由瓦龍西行至薩地亞沿線，築有營房，並有無線電，共駐印兵三百名，由薩地亞向東至提緘林，公路已修築完竣等情，經

召集有關各部會共同研討，僉以英國既退出印度，似不致舟窺康藏，印度初獲獨立，亦不致有侵略行為。今藏方失去英印之支援，亦有轉而內向之可能，故收回英印蠶食康藏邊境事宜，似應先善撫藏方，誘導內向，再策動其自動向英印要求歸還失地，我則運用外交力量，分向英印兩方相機交涉以促成之。謹擬定辦法如次：一、飭外交部繼續與英政府及印度聯邦總理尼赫魯暨巴基斯坦總督真納，分別相機交涉。二、搜集情報，並飭駐藏辦事處密切相機勸導噶夏（院長）。

承辦經過及擬辦意見：據國防部第二廳五月十八日報告，經呈奉批，交行政院張院長核議等因，經飭據復如上。查英國已於八月十九日退出印度，其侵略康藏之顧慮較少，所擬辦法似屬可行。擬准照辦。附要圖。

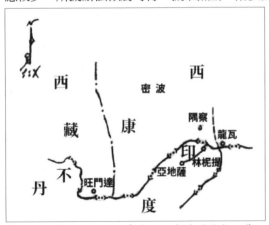

附記　瓦龍及提梖林，查本局現有地圖均無記載，此項名稱係判斷註記者。

批示：如擬。

〈革命文獻—政治：邊務（二）〉，《蔣中正總統文物》。

8. 行政院為蒙藏委員會代電報告藏政府召開秘密會議擬向英、美乞援案交國防、外交兩部注意（1947年6月14日）

行政院交辦議案件通知單

案由：蒙藏委員會代電報告藏政府召開秘密會議，擬向英、美乞援一案，奉諭交部注意由。

右案奉院長諭：「交國防、外交兩部」，除分行外，相應通知外交部。

行政院秘書長甘乃光
中華民國卅六年六月拾四日

抄代電

（銜略）據本會駐藏辦事處長沁電稱：

藏政府因處理熱振事件，未遵中央意旨，心懷疑懼，連日召開秘密會議，籌商對策。茲探聞：

（一）嚴催拉魯赴昌都。拉魯自知西康喇嘛因熱振事件，深懷憤恨，力求擺脫，無效，不得不勉強前往，竟於六月十日離薩。

（二）駐德格砲兵營代本定雲免職，派拉薩農務局副局長貢香巴繼任。

（三）派資本辦公處秘書普隆為代本，駐類烏齊。

（四）定日代本、儒多結布另候任用，派曾任後藏糧官之詹炯接替。

（五）令黑河總管就所屬九縣中，徵集民兵待命。

（六）派擦絨河阿旺堅贊前夏（將升扎薩）及外交局僧官扎薩四人，為陸軍總司令之幫辦，協同指

　　　揮軍隊。

（七）除上述軍事布置外，薩政府並向拉薩英代表商
　　　請援助，聞英代表答以英國對印度糾紛，已極
　　　感棘手，恐無餘力相助等語。遂又決定派資本
　　　夏古巴先往英國，後赴美國乞援，正在準備起
　　　程，惟其護照是一問題，是否化名，向我駐印
　　　度大使館或總領事館冒領，抑或該資本前往南
　　　京向中央設詞請求，均未可知。

綜觀以上情形，藏當局之倒行逆施，與其狼狽情況，可
以概見。推其竟敢違抗中央之故，殆因中央有扶持熱振
之象徵，恐其眼前祿位不得保，故不惜孤注一擲。而喇
嘛及一般貴族民眾則因中央對熱振臨難不救，咸感憤
慨，仍在殷望解救之中等情。理合電呈，仰祈鑒核。

　　　　　　　　　　　　　　　　　　蒙藏委員會
　　　　　　　　　　　　　　　　　　辰世印

〈西藏派商務考察團赴英美等國活動（一）〉，《外交部檔
案》。

9. 國防部保密局呈蔣中正西藏擴編軍隊並派員赴英活動獨立情報（1947 年 6 月 15 日）

西藏政府現積極擴軍，預計五萬名，拉薩警察將增至千
名，正向英人購買槍械，首批已由印度噶倫堡運回，計
機槍百挺、大砲數十門、步槍萬餘枝、自動步槍百枝、
彈藥百餘駝。聞英方留印之軍火，將全部售藏，藏方除
派古桑子接收外，並將派謝高巴前往洽商，查謝高巴奉
藏政府派赴英國，活動西藏獨立，將帶盧比三百萬盾作

活動費，不久即將啟行。

判斷或擬辦：擬令國防部第二廳復查具報。

批示：如擬。

鄭介民八月二日簽呈

西藏派員赴英、美活動獨立

西藏政府對於擴軍、修路、開礦三項計畫，原則雖已通過，惟因財政支絀，人才缺乏，實行尚無確期，至派謝高巴及邦達昌等赴英、美活動，定於八月中旬起程。

判斷及擬辦：前據保密局及國防部第二廳報告，西藏決定擴編軍隊五萬名，並擬修築怕里（藏印邊境）至拉薩及黑河（藏青邊境）至拉薩兩條公路，為開闢財源，擬開採金礦，將派謝高巴赴英美活動獨立，並試商借款等情。經飭續查據報如上。

西藏派謝高巴赴英美活動獨立一節，擬交外交部飭我駐英美兩大使注意。

批示：如擬。

〈革命文獻―政治：邊務（二）〉，《蔣中正總統文物》。

10. 鄭介民呈復蔣中正英藏勾結情形報告乞鑒核由（1947 年 6 月 19 日）

案奉鈞座三十六年六月十五日侍（洪）字第七〇三六九號代電令開「西藏政府已將熱振予以懲處，其今後對英方勾結情形，希嚴密偵查具報」等因，奉此，遵經飭據拉薩金達六月十七日篠亥電報稱：英駐拉薩人員銳且生，曾向藏方表示西藏武器既少，將來對中央之進攻，

實難應付，吾人（銳且生自稱）礙於整個局勢，亦不能
派兵相助，除以武器接濟外，實無良策等語。現藏府已
決定向英國請求接濟會議之桑多頗章負責接收英留印之
武器，至武器之數量及價格，則尚未決定等情，奉令前
因，除飭續查外，理合復請鑒核。

〈革命文獻—政治：邊務（二）〉，《蔣中正總統文物》。

11. 蔣中正電王世杰請外交部檢討中英印藏關係具報上呈（1947 年 6 月 20 日）

外交部王部長勛鑒：

關於英國駐西藏代表辦事處現已改懸印度國旗及英國侵
略康藏南部地境未完成之計畫，嗣於明（卅七）年一月
後一併由印度繼續施行各節，經以（卅六）亥魚侍洪字
第七八四三號代電，希檢討具報在卷。茲據報英國在西
藏亞東、江孜兩地所設之商務辦事處，現除改懸印度國
旗外，並將機關名稱所書之英國文字改為印度文字，惟
內部人員迄無更動等情，希併案檢討具報。

中

（卅六）亥真侍洪

〈一般資料—民國三十六年（十一）〉，《蔣中正總統文物》。

12. 許世英電蔣中正轉陳陳錫璋對印度獨立後西藏政情意見乞鑒核迅示祇遵（1947 年 8 月 29 日）

據本會駐藏辦事處兼代處長陳錫璋未有電稱：

（一）八月十五日印度宣布自治，拉薩英代表處同日
改懸印度國旗，但未舉行儀式。

（二）據聞拉薩英人黎吉生（即駐拉英代表）向藏政
　　　府聲明，印度自治後，將暫不變更其對藏關
　　　係，該處所設之醫院暨無線電台繼續維持，至
　　　其個人則數月後離職他往。

（三）西藏政府內部現正醞釀趁此機會廢除對英前定
　　　條約，如一九〇四年拉薩條約及一九一四年西
　　　姆拉協定，以期取消英人在藏客郵駐軍等權
　　　利，並收復山南之失地，另與印度訂立平等新
　　　約，惟其一貫政策，仍希圖擺脫中央，直接向
　　　印度交涉。職連日以私人資格向噶倫及重要人
　　　員談論，分析當前西藏局勢與利害，非與中央
　　　合作，絕無發生效力之可能。

基於上述情形，謹就管見所及，貢陳於下：

甲、在中印雙方尚未整個調整其對藏關係之前，似應相
　　機向印度表示，非經中央政府許可，不得與西藏當
　　局直接作任何之談判。

乙、與印度政府協商西藏人民居留或往來印度者，
　　應照我內地人民同樣待遇，並言明凡居留印境藏
　　人，應向我使領館登記，其過境或遊歷者，應憑
　　我國之護照。

丙、拉薩英代表辦事處之設立，原屬於臨時性質，且未
　　經我中央政府之許可，在此過渡期間，對該項機關
　　應如何處理，似宜相機與印度交換意見。

丁、關於英國對西藏不平等條約，應如何設法廢止，
　　似宜及時籌劃。職當繼續勸導藏方將其意見報告中
　　央，以期合作，而免參差。

戊、自西藏西端拉達克起，至康藏南部雜渝區域為止，
　　全部印藏邊界問題，關係重大，速宜準備澈底劃
　　清，以固疆域。

以上五項，應如何籌劃進行，乞核示祇遵等情。查所陳
意見關係極為重大，報載羅大使已來京，除分電行政院
囑由外交部王部長與之面商辦法外，是否有當，恭請鈞
座鑒核，迅賜訓示祇遵。

擬辦：擬交外交部與羅大使迅予核辦具報。

批示：如擬。

〈革命文獻—政治：邊務（二）〉，《蔣中正總統文物》。

13. 許世英呈蔣中正英、印策動西藏謀與印度訂立新約並圖擺脫中國政府（1947 年 9 月 2 日）

許世英委員長擬呈英、印策動西藏謀與印訂立新約，並
圖擺脫我政府之對策。公批交外交部與駐印羅家倫大使
核辦具報。原呈稱：「印度自治後，拉薩英代表處改懸
印度國旗，藏擬與印度訂立新約，圖擺脫中央，直接向
印交涉。謹擬具對藏五項意見：（一）向印度表示，在
中、印雙方未調整對藏關係前，非得中央許可，不得與
藏作直接談判；（二）印境藏人應向我使館登記；（三）
向印交涉取消拉薩英辦事處；（四）與藏合商廢止對英
條約；（五）劃清印藏邊界。」嗣據外交部呈復：「第
一項我已於本年春間向印政府作非正式表示，尼赫魯已
作肯定答復，容與印正式談判；第二項當飭使館辦理；
第三項擬勸藏與中央採同一處理態度；第四項擬向英提
出；第五項俟中、印訂約後辦理。」

〈事略稿本—民國三十六年九月〉，《蔣中正總統文物》。

14. 鄭介民呈蔣中正英國在西藏代表機構繼續保留改懸印度國旗內部人事未動情報（1947 年 9 月 18 日）

英國在拉薩之代表機構，因印度獨立後改屬印方，故印度政府曾電詢藏方是否需要繼續設置該項機構，藏方於接獲斯項通知後，因該機構設有無線電台及電話各兩部，通訊靈通，對印藏來往人員及其他一切有關藏府事宜，英人均能迅速通知藏政府，對藏方貢獻殊大，故藏方已復請准予保留。又英駐藏代表銳且生藉口醫病，定於九月十六日起程赴印，英駐藏代表機構自八月份起已懸掛印度國旗，但內部人事未有更動。

來源：原報人親查。

意見：查西藏為我國屬地，今後有關西藏之一切對外事宜，似應直接向中央交涉，方屬合理，擬請轉飭外交部注意。

〈革命文獻—政治：邊務（二）〉，《蔣中正總統文物》。

15. 鄭介民呈蔣中正英國在西藏辦事處已改懸印度國旗等現況（1947 年 10 月 1 日）

案奉鈞座（卅六）申馬侍洪字第七〇六七一號代電，略以英國在西藏之辦事處，現已懸掛印度國旗，但內部人事並未更動，實情如何，希望確查據報等因。遵即轉飭駐藏人員陳錫璋速查據報如次：

一、英駐拉薩辦事處現已改懸印度國旗，並向藏政府聲明，印度自治後，暫不變更對藏關係。

二、英駐印度聯絡機關致函藏政府主張藏英間宜維持原
有關係，再由印度政府函藏政府徵詢意見，如藏方
同意繼續舊約，印度將派印籍人員赴藏駐紮，藏政
府均尚未答覆。

三、另由蒙藏委員會駐藏辦事處迭向藏方述說利害，倘
輕於承諾，則不平等條約將永無解脫之日，如欲另
訂平等新約，非請中央主持不可。

右三項，理合呈請鑒核。

〈革命文獻—政治：邊務（二）〉，《蔣中正總統文物》。

16. 駐藏辦事處電蔣中正英國供給西藏軍火並派員協訓新軍等情報（1947 年 10 月 7 日）

一、英人於卅五年春侵占察隅、瓦龍後，建立軍事基
地，目前設無線電台與江孜互通消息，並有英人到
達波密及白馬崗考察。

二、英人改善察隅至桑昂曲宗（科麥）道路。

三、英供給藏之軍火為避人耳目，將由薩地亞（屬阿薩
密省）經察隅轉運昌都。

四、英軍事技術人員將來藏協訓新軍。（附要圖）

附件：康藏地區英人侵略動態要圖

康藏地區英人侵略動態要圖

一、英人於卅五年春侵佔察隅、瓦龍後，建立軍事基地，目
　　前在察隅設無線電台，與江孜互通消息。

二、英人在波密、白馬崗考察。

〈革命文獻─政治：邊務（二）〉，《蔣中正總統文物》。

17. 許世英呈蔣中正英人侵藏日益積極請設滇康邊區特派員公署以利國防（1947 年 10 月 20 日）

據本會駐藏辦事處西虞電稱：「據藏方人士透露，英人
將西藏東南喜馬拉雅山山麓之森林地帶占領，以通其在
察隅、瓦龍等地所建軍事基地，其前進人員已達波密及
白馬崗，並安設無線電台與江孜、拉薩及錫金之噶崙堡
互通消息，且由阿薩密東境至察隅修有平坦道路，察隅
至桑昂曲宗之路，亦在改善中。英方供給西藏之軍火，
為掩人耳目，即由此路逕運昌都，為時僅需十餘日，英
軍事技術人員，亦由此線來往。西藏當局現倚賴英人練

新軍，對英遇事遷就，將來新軍練成，西藏或對中央要
求西康藏語地帶之統一權云云。查英人極積經營察隅瓦
龍情形，迭經呈報有案，惟我駐拉薩與該方面之消息隔
絕，而駐印人員又偏在西南兩部，對於阿薩密方面，亦
屬隔膜，英人愚弄西藏，出此冷著，深為可慮，除電國
防部外，謹電鑒核」等語。查英人侵略察隅情形，歷經
呈報鈞座在案，惟過去藏政府對英軍之入侵，尚表示拒
絕之意，故英軍進駐人數不多，且來往無定，茲據前
情，英人竟以供給軍火誘使西藏當局入其彀中，用意至
為險惡，按由察隅北至昌都，東至巴安東南至德欽均甚
便捷，將來不僅西藏門戶洞開，即滇康兩省腹部，亦
必受嚴重威脅，影響國防至深且鉅。又查察隅遠在康
南，無論由印由藏均難調查其真實情況，本會為此曾於
三十四年八月二十一日，與軍令兩部會呈行政院，擬議
在滇康邊境德欽地方設滇康邊區特派員公署，以增強滇
康藏邊境防務，旋准行政院秘書處。同年九月二十四日
年式字第二〇九三四號公函以此案原則上頗有必要，惟
如無適當人選，組織有損無益，囑再審酌。經與內政、
軍令兩部研討決定，遵照院方意旨，暫緩設置在案，現
在據報該方面情形，英人活動已逐漸加重，而滇省政治
已入常軌，人選問題，似無困難，可否將原會呈所擬議
之設立滇康邊區特派員公署予以核定，以利國防之處，
恭請鈞裁。除分呈行政院並分函國防、外交兩部，迅籌
防範辦法外，理合呈報，仰祈鈞座鑒核，訓示祇遵。謹
呈國民政府主席蔣。附察隅路線略圖一件。

　　　　　　　　　　　　　　蒙藏委員會委員長許世英

附件：英方在西藏東南區越界築路形勢要圖

英方在西藏東南區越界築路形勢要圖

（三十六年十月十三日）

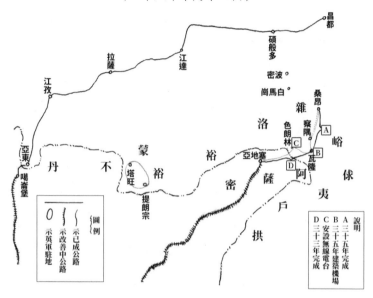

〈革命文獻—政治：邊務（二）〉，《蔣中正總統文物》。

18. 許世英呈蔣中正白馬崗到英兵三百名由印度政府派員率領（1947 年 11 月 4 日）

據本會駐藏辦事處西陷電稱：

據藏方人員密告，白馬崗到有英兵三百名，由印度政府文官處派員率領等語，查白馬崗在東經七十四度半北緯二十九度偏南扎拉宗之南恰巴旺峯西南等情。除分函國防外交兩部外，理合轉呈，仰祈鈞座鑒核。謹呈國民政府主席蔣。

蒙藏委員會委員長許世英

附件：蒙藏委員會快郵代電

國民政府主席蔣鈞鑒：

據案查英人派兵侵占白馬崗一案，前已於本年十一月四日，以京藏機字第二三零號呈報鑒核。一面並電令本會駐藏辦事處，查明英兵使用武器之類式及數量，具報各在案。茲據該處戌皓電稱：「英兵武器之類式，因藏人常識不足，探無要領，而漢人又不能進入白馬崗地帶，正謀出資覓一藏英兩方均不注意之人，密往查探，統容續報」等情，理合電請鑒核備查。

蒙藏委員會許世英叩
戌感印

〈革命文獻—政治：邊務（二）〉，《蔣中正總統文物》。

19. 鄭介民呈復蔣中正英軍侵入康藏情形敬祈鑒核由（1947 年 11 月 8 日）

案奉鈞座三十六年八月七日侍洪字第七〇五五七號代電開：「據報英軍侵入康藏，西起噶大克，東迄桑昂，宛延二千餘里，占據村鎮六百餘處，軍隊數目來往無定，無法控制，估計約有二萬，其遠因英人藉口西姆拉會議時，藏方允予割讓藏南土地，逐年蠶食，現更積極進行，企圖造成既成事實，縱使將來正式劃界後，亦有所憑藉等情，希確查具報」等因，遵經飭查去後，茲據拉薩金達十一月六日魚未電報稱：

一、英人侵入康藏一案，經查門達旺區已被侵占者為提郎宗及扎昂曲句、讓昂堆曼，包括村莊十五個，計生藏娘麻當、的讓、靈錯西鄉、桑的、安協、田

幫、甫唐、相鄉、卡拉定、則卡、佈卡、阿他里、西杜盆等，該地被占後，一切稅收，均經免除，並經編組保甲，設置翻譯官，該區英軍共四百五十人，計駐西杜盆四百人，駐的讓五十人，軍火糧食係由飛機投擲供給，目前尚無機場或汽車路。查英軍係於三十五年春到達該地，最近已另向白馬崗森林地帶以東偵察，企圖勘測，由地郎宗經雜里至公布沿線情形，以備修築公路，惟該線居民多係未開化之野人，兼多森林，修築公路殊非易事，此僅為英印侵占康藏邊境計畫中之一部而已。

二、由薩地亞修築公路至瓦龍，為英印侵占康邊最初計畫，民國三十一年已開始動工，該路完成後，向北進至褚榆（即察隅），三十五年六月，復派英駐錫金出口監督沙爾夫沿雅魯藏布江東下，經澤當及公布等地，至桑昂曲宗偵察道路，本（卅六）年由桑昂曲宗至褚榆間，組成驛運運輸站，可由薩地亞直達桑昂曲宗，該褚榆、桑昂曲宗兩地，均曾有英印軍深入，惟時有調動，人數不明，查瓦龍至褚榆僅三日馬程，再至桑昂曲宗係四日馬程，再北至昌都或江達均約十日馬程，因昌都江達為由東路入藏之咽喉，英人企圖占據康南，復可扼守我軍日後西進之孔道也。近查英印人員，已由桑昂曲宗長驅抵達公布，孜拉崗該地距拉薩僅十日馬程，英印人員並非正式軍隊，但均攜帶武器，往來無定，人數不明，藏方在公布各地素未設防，對於當地居民徵收極重，數年來人民為避免差役，多已向薩地亞逃

遷，藏方對英人北來侵地若干，及企圖如何，實莫
明其底蘊也。

三、英人侵占康藏計畫，最初僅欲取得瓦龍，蓋該
地係為雅魯藏布江，由高原轉流窩地之區域，造
成世界少有之瀑布，英人企圖獲據該地，建築發
電廠，可供給全印工業電源，自薩瓦路（由薩地
亞至瓦龍）修成後，復進窺門達旺翠南等地，因
該地氣候溫和，適宜種茶，欲竊取中國茶種，在
該地播種，以爭取我國在藏之茶葉市場。三十五
年因藏方內部不安，恐中央助熱振復位，乃集中
力量以防阻，中央對康藏南部防務根本廢弛，而
中央又無力顧及，故英人乃擴大其侵略計畫，此
計畫係由門達旺起東向瓦龍、褔榆、桑昂，再西
北向公布，再西沿雅魯藏布江，再轉南向翠南，
而回至門達旺止，劃一圓圈，內包括白馬崗、
褔榆、甲愈、公布、落愈、雜里、波密等地，英
人計劃在該地修築道路，開發礦產，共需盧比
十五億盾，英人所以侵占康藏南部者，因該地氣
候溫和，出產較多，能得康藏南部實勝於整個西
藏也。而藏南與印緬毘連，藏方既缺少聯絡，又
無歷史考據，故英人一心經營修築道路，管理當
地民眾，企圖造成既成事實，為將來辦理交涉時
之藉口，刻英人已允於明（卅七）年退出印度，
此項侵略計畫，將轉移於印人，今後視印人是否
有力繼承此項侵略計畫，及我外交當局是否能巧
為利用中印關係，而予以收回，而決定該地之隸

屬問題。目前英人仍繼續其侵略計畫，人員、經
費、機構，均保持原狀等語，奉令前因，除飭繼
續查明英人在康藏之普遍活動詳情外，謹先復請
鑒核。

〈革命文獻—政治：邊務（二）〉，《蔣中正總統文物》。

20. 王世杰、許世英呈蔣中正英印對藏關係經會商擬具辦法（1947 年 11 月 8 日）

案據本蒙藏委員會駐藏辦事處陳代處長錫璋三十六年酉
東電稱：

（一）探悉黎吉生（英駐藏代表）確於短期赴印，即
將返藏再駐半年，與藏方商妥，由印度人員接
替後再行去職，此次赴印係為其新長官迭次電
召，並預為西藏拉攏。

（二）夏古巴等行期尚未確定，經迭次勸導，將先赴
南京，惟到印度後有無變化，尚難逆料。

（三）除錫金已正式加入印度外，聞不丹之未來關
係，將由印度政府主持，準此推測印度政府之
全部承襲，英藏關係恐原則上亦已確定，我方
對此應早為決策。

（四）再查英人在藏所享不平等權利，為郵電、驛
站、駐軍及治外法權等等，係光緒三十四年四
月二十日所訂中英修訂藏印通商章程所確定，
該章程第十三款載，每屆十年得通知更正，計
至明年四月正滿四十年等情。本部會經商討結
果，謹擬具辦法如次：

（一）關於英駐拉薩代表辦事處之撤退問題。按
此事須藏方與中央態度一致，交涉始能生
效，藏方態度，本會已轉飭駐藏辦事處
設法予以確定，俟據報再由本部酌向印
方交涉。

（二）關於夏古巴擬赴英、美活動獨立事。本部
據報後，經飭駐印使領館及駐阿富汗公使
館注意，該夏古巴等至印後之活動，並
妥籌防範其在英、美活動辦法在案，嗣據
報該藏員等定於本月十三日啟程，經加爾
各答至新德里考察三星期後，即來南京約
住三個月。本部已電飭駐印大使館優予招
待協助，務使其來京一行，俟其到京，
再由本會開誠妥為勸導。如該藏員等必
欲赴英、美一行，再由本部會按本部九
月十二日機字第六四九號呈所擬辦法實
施，以資防範。

（三）關於印度對藏政策。本會駐藏辦事處所稱
英藏關係將由印度承襲，其觀察尚距事實
不遠，但英印間對藏政策或有差異，本部
已予密切注意，容俟機即予印方談判，西
藏方面當由本會繼續促使覺醒，統由中央
對外交涉。

（四）廢除英藏不平等條約問題。查中印間尚未
訂約，茲英方在藏之條約上權利義務，既
由印方繼承關於廢除中英所訂有關西藏之

不平等條約問題，自以在中印訂約時或其以後談判為宜，惟查光緒三十四年（一九〇八年）四月二十日所簽之中英修訂藏印通商章程，中英關於藏務之不平等重要條約，多包括在內，其第十三款規定該章程自「簽押之日起，應通行十年，若期滿後六個月內，彼此俱未知照更改，此章程應再行十年，每至十年，俱照此辦理」。按該章程行至明年四月二十日，即屆滿四十年，本部擬利用此機會廢止該約，頃與印方非正式接洽，據悉印方對於條約之解釋，頗有異議，本部已闡明我方嚴正立場，擬俟獲印方正式答復，再行將交涉經過並擬具應付策略，報請核示。

以上所擬各節，是否有當？理合備文恭陳，仰祈鈞座鑒核，迅賜訓示祇遵。

謹呈國民政府主席蔣。

外交部部長王世杰

蒙藏委員會委員長許世英

三十六年十一月八日

〈革命文獻—政治：邊務（二）〉，《蔣中正總統文物》。

21. 王世杰函軍務局為奉交下英軍循康藏邊境沿線進侵情報一件茲將處理本案經過函請查照轉陳由（1947 年 11 月 25 日）

接准十一月十七日大函開「前奉主席交下英軍侵入康藏南部情報一件，經遵批承辦卅六未虞侍洪字第七○五五七號代電，希經飭駐印大使館查報在卷，請速查示以便轉呈為荷」等由。查本部前准蒙藏委員會代電，亦有此項情報，惟進侵起點為拉達克。謹按拉達克在現西藏界之西，清光緒時我國即已放棄，早淪為英印領土，主席交下之上項代電則為噶大克，該地在西藏阿里境內，依照一九○六年中英續訂藏印條約闢為商埠，關於英侵藏南門達旺案及英侵康南桑昂曲宗案，曾於本年一月廿八日以政三六字第一五六二號呈呈報處理經過在卷。此外關於英印循康藏邊境沿線進占情形，經詳加研究，並派員向蒙藏委員會洽詢，似原報所稱各節，實為英印過去數十年來侵藏情形之總結，而非新近發生事件，該會已飭其駐藏辦事處將所報告各情具體查明，並為此事曾於八月十五日特別召開會議，由許委員長世英親自主持，出席人員有國防部第二廳鄭廳長介民、行政院鄧參事翔宇及本部歐洲司尹司長葆宇，彼此交換情報，詳加討論，僉認為此項情報不確，開會情形蒙藏委員會當已呈報。八月十五日英將印度政權移交印度及巴基斯坦兩自治領後，英軍亦陸續撤離印度，擬於明年一月前撤完，嗣後關於康藏邊界問題交涉對象，當為印度自治領，如果喀什米爾土邦將來舉行人民投票，加入巴基斯坦，則西藏西部邊界問題，應與巴基斯坦自治領交

涉。除已轉飭駐印大使館查報，俟呈復再行詳呈外，特
先將處理本來經過情形函請查照並請轉陳主席為荷。
此致國民政府參軍處軍務局。

〈革命文獻—政治：邊務（二）〉，《蔣中正總統文物》。

22. 許世英電蔣中正英國退出印度後之藏局報告（1947 年 12 月 10 日）

國民政府主席蔣鈞鑒：
頃據呈報英國退出印度後之藏局報告一件，頗有見
解，除分報行政院並轉國防、外交二部外，謹抄附原
件報請鑒核。

職許世英叩

亥灰京調印

附英國退出印度後之藏局報告一件。

抄呈英國退出印度後之藏局報告
英國退出印度後之藏局
半世紀來英國對西藏的政治投資，數量相當龐大，除了
整個裝備藏軍武裝和免徵進入藏境的貨物關稅外，還有
不斷賄賂達賴喇嘛和各大世家的名貴物品，雖然收買到
一部份親英份子的同情，但到現在為止，英人所獲的權
益，可以說得不償失，所以英國對藏陰謀的結果，最大
作用，只是妨害中國的統一，而使西藏得在兩大之間，
鎖國偷安，不能前進而已。英國不惟徒勞無功，反在歷
史上刻劃下一個不可磨滅的污點。
在全世同情印度人民獨立運動之下，迫使英國結束在印

度的殖民政治，由於印度要接收英人主持下其印度一切
有關的機構，在拉薩的英國辦事處——第吉林噶——也
在接收之列，英國已同意移交給印度政府，這裡面有英
國侵略者所辛苦得來的權益在內，例如江孜、亞東駐兵
權和設置郵電權等，當醞釀移交之際，西藏的「外交
局」長扎薩索康，提出反對說，「英國既然退出印度，
則西藏和英國前後所結的一切條約，自然要取消，印度
是不能承繼的！」英國的拉薩辦事處，系統上雖歸印督
統轄，而實際則受錫金政治專員的指揮，該政治專員的
指揮範圍，包括西藏、不丹、加德滿都和察隅等幾個區
域的工作人員。英國雖然在印度作政治上的撤退，而圍
繞著康藏的這一鎖鍊，如果沒有人起來反對，她總不會
自動放棄的，尤其那些特工人員是從台克滿、查理士伯
爾以至果德、伙根這些有名西藏通領導下的大批專家，
都以這個區域為終身職業所在地，還要設法加以鞏固
的，在這種情形之下，一部分依戀英國的藏人，也希望
這些人不走，來延續她們藉英方勢力抵制中央的夢想，
一部分則希望乘英人撤出印度的機會而將英藏間的一切
條約結束一下，在這樣兩種不同的觀念撐拒之下，如果
由中央向英國提出請取消在藏不平等條約，是有利的。
英國既決心放棄在印度的權益，對此雞肋，除幾個特工
戀戀不捨之外，他也無特別把持的必要，而且戰後的英
國國力已經大大的衰退了，現實主義的藏人，看準了這
點，為保持其似是而非的獨立形式，就忙著布署下一步
驟。他們知道現在世界上最強的國家是美國，而美國又
以扶助弱小民族自命的，所以他們曾決定撥發盧比一百

萬盾，派遣能說英語的夏格巴和索康拉多代本等赴美國請求援助，夏格巴是以能說英語，獵獲高位的，而且又是「臭烏」（人民給打扎的綽號）炙手可熱的紅人，他此行可能把這個「祕密國」揭開臉幕，企圖利用世界輿論的支持來代替附英制華的策略，因為美國是一個言論極端自由的國家，人多口雜，一陣喧囂起來，無疑的會加重我們對藏的困難，是應當注意的。

英人退出印度，使我們在西藏的困難，自然減輕了，而西藏人為要保持獨立的顏面，則感到徬徨，急於另謀出路，去年西藏被邀參加泛亞洲會議，使他首次得插足國際政治舞台，出席代表仁爭段巴格西，在大會提出政治要求，被大會拒絕，甚至予以請其退出大會的難堪，現在我們乘英人退出印度而尚未滲入其他新勢力之際，出面向英國作正式交涉，請英人履行中英新約的諾言，放棄在藏一切特權，印度如果需要在西藏派駐領事，應和我外交部辦理合法手續，並通知印度政府，凡藏人出國，應轉告其先向中央政府取得出國護照，以限制西藏人的活動，來防止西藏局勢的複雜與惡化，如再放任而聽其自由活動，滲入了美國的干涉，恐怕就不易收拾了。

〈革命文獻─政治：邊務（二）〉，《蔣中正總統文物》。

23. 許世英呈蔣中正西藏答覆尼赫魯電詢印度政府承襲英訂條約意見尚在研議（1948 年 1 月 2 日）

案據本會駐藏辦事處亥儉電呈稱：「據藏人消息，十一月間，尼赫魯致電藏政府徵詢對印度斯坦政府承襲英人

原訂印藏條約之意見，藏方以答非所問之方式復電，請
印方將英人侵占西藏各地退還，現尼赫魯又來電請藏政
府表明對於印度斯坦繼承英人原訂條約一點，是否贊
同，藏方如何答復，在研討中」等情，據此除電飭該處
續探報外，理合具文恭呈，仰祈鈞座鑒核備查。

謹呈國民政府主席蔣。

蒙藏委員會委員長許世英

〈革命文獻—政治：邊務（二）〉，《蔣中正總統文物》。

24. 許世英電蔣中正西藏曾向英國商請交還錫金、不丹後因熱振事件停頓（1948 年 1 月 2 日）

國民政府主席蔣鈞鑒：

據本會派駐昌都調查員亥刪電稱：「據拉魯談告，本
（上？）年三月間藏政府曾向英方商請於退出印度時，
交還錫金、不丹兩地，英方答稱：此事應由兩地人民向
英國請願，方予考慮。旋因熱振事件發生，遂告停頓」
等情，理合具文呈報，仰祈鈞座鑒核備查。

蒙藏委員會委員長許世英叩

子冬印

〈革命文獻—政治：邊務（二）〉，《蔣中正總統文物》。

25. 許世英呈蔣中正西藏亟願修改現存不平等條約等英藏問題現況（1948 年 3 月 17 日）

據本會駐藏辦事處陳代處長錫璋寅齊電稱：「關於英代
表黎吉生由藏回印奉召返英一案，茲由各方調查所得最
近情形如下：英政府自上年准許印度斯坦及巴基斯坦取

得自治領地位後，與巴政府陰圖結合以牽制印度，並擬沿喜馬拉雅山建一勢力地帶，以隔離印自治領為其根本政策，故對西藏並不放棄。去年拉德勞赫勘查白馬崗一線，即預為東巴基斯坦地，不謂結果大部阿薩密省劃歸印自治領，致其東段計畫擱淺，現似集中注意於西段，黎吉生之被倫敦召回諮詢意見，想與此事有關。近悉黎氏將於本月六日抵加爾各答轉赴德里，其個人進退將視此次談話結果而定，惟印方對此系統之英籍人員似亟思撤退，故最近關於在此之英醫官亦有他往消息，至英當局擬於拉薩另設英駐藏辦事處一節，在黎吉生等必有此建議，但迄今對藏尚無正式表示，惟聞英駐印專員曾向藏當局表示，嗣後有關印自治領事件，固應向印政府接洽，而有關英國事件則應與渠直接洽辦，必要時，渠將親來拉薩洽談，或另派代表接洽云云。是項動議當係設立辦事處之先聲，或一種手段至藏方態度，雖願與印自治領保持關係，但於現存不平等條約，則亟願修改，至其對英另建立直接關係，尚無顯著跡象。茲事發展可能於夏古巴等一行試探英、美政府確實意見後，再行確定。綜上各節，竊以為我方預防是項發展計，似宜及早向英印提出修約及劃界以先發制人，蓋此兩事均不失為藏人與我合作之基點，且亦為我宗主國所必爭，否則藏人獨立外交之志，積久難除，設或正式成立對外新關係後，先例一開，欲再加制止，困難倍增。是否有當？敬請鈞裁」等情。查關於廢除英藏不平等條約事，世英前曾面告西藏商務代表夏古巴等，將來可由外交部交涉辦理。除分函外交部預為籌計外，理合轉呈，仰祈

鑒核訓示祗遵。

謹呈國民主席蔣。

蒙藏委員會委員長許世英

〈革命文獻—政治：邊務（二）〉，《蔣中正總統文物》。

26. 許世英電蔣中正西藏政府仍有主張廢除前訂英藏條約企圖（1948 年 3 月 27 日）

國民政府主席蔣鈞鑒：

據本會駐藏辦事處陳代處長錫璋寅敬電稱：「關於廢除英藏間條約事，遵向藏方要員探詢，據稱關於印度斯坦屢電催詢印藏條約事，藏方擬仍本先還侵地再談條約之旨，答復印方。當乘機說以廢約事，最好請中央主持，彼謂藏最高當局對此尚未加考慮，非其親信，無人敢倡此議云。揆其語意，其自主外交成見，尚無放棄之意」等情，理合電呈伏乞鈞鑒。

蒙藏委員會委員長許世英叩
寅沁印

〈革命文獻—政治：邊務（二）〉，《蔣中正總統文物》。

27. 毛人鳳呈蔣中正英軍侵入康藏及藏屬康區科麥、察隅等縣軍政情形續報（1948 年 6 月 8 日）

一、續去（卅六）年十一月八日情京字第五三八二號情報。

二、關於英人侵入康藏一案，茲將實地調查結果，臚陳於後：

（一）科麥、察隅、瓦龍等地英、藏當局之陰謀動態：

1. 科麥地區，目前並未修建機場，所傳曾有飛機降落一事，全屬不確。三十五年八月，暨同年十月，在科麥西南隅山中，曾有英機兩架失事墜落，內載武器彈藥等物，當有英駐沙抵亞軍官八那色，飭派郎哄野人收拾損物，因之該批野人得以暗藏英造八八手槍甚多，並私售與察隅人民，科麥西部可經狢猺野人地區進入西藏拉薩，康區喇嘛每年由科麥經狢猺進藏。三十五年八月，有英員官二人，隨帶郎哄揹夫五名，取道狢猺入藏，此外尚無英人來往。

2. 英軍於三十三年，即在瓦隆修築有營房，現復增修營房數十座，內有官兵約七、八十員名，計上校軍官一、上尉二、醫官一、管理各軍械糧秣庫人員七八名，該地四面皆山，飛機無法降落，英方對該地官兵接濟，均用降落傘擲下。

3. 瓦隆至印度屬沙抵亞，期間經過木孔卡、免嶺、突絨嶺、得嶺等地，英方均築有與瓦隆相等之營房，其駐軍兵力與瓦隆同，公路早已分段建修，但未連接通車，得嶺至沙抵亞兩端路綫，早已通車，惟瓦隆至察隅之間，沿途懸崖絕壁、小溪縱橫，公路尚未修築，僅築成約二尺餘寬之驛道，自三十六年九月起，英軍對察隅地方，每兩週內即有英軍官一人、武裝兵四名、通譯一名，由郎哄野人揹夫嚮導，同至察隅一帶巡視，由河東岸經

噶大轉回，每次帶有花木箱一隻，長約一尺五寸，寬約一尺許，上書有「AZZ」綠色字樣，其用意不明，每隔三年，英方駐軍必換防一次，軍官並率隊至察隅旅行，駐留數日始行撤回，藏方對此事從未干預。

4. 三十六年十一月，有康地結不者，據傳係密支那某重要人物，率隨從數人，攜帶行李至察隅後，當即宣稱伊祖宗與察隅仲爾家係故親，特前來探親，並帶有布疋、手錶等物，饋送當地首要及仲爾家，以資聯絡，該康地結不，並向察隅協敖言及，若藏方承認修築察隅鐵橋，瓦隆尚有充公鐵絲甚多，不用察隅人民分文，英方可以代修等語。因察隅協敖未予承認，康地結不在察隅約住六、七日，即由河東岸經噶大、拉丁、瓦隆，赴沙抵亞訪英官八那色後，轉密支那、康地結不此行，據悉係英人之指使。

5. 科麥政官子仲，待民苛刻，且常貪污，該地各錯隆三村民眾，聯名控告於昌都之噶倫處，現子仲已調昌都受審，科麥方面僅有代理負責人數員。

6. 三十六年十一月，藏方駐桼玉民兵指揮董馬本，親運現金六十馱至察隅，飭令協敖派民伕一百名，搬運至沙抵亞，聲言藏政府曾派有代本數員（幫達羊批六在內），到加爾各答與英方交涉，購運飛機及其他武器等語。現

據悉向英購得之步槍，業已運抵噶倫布與拉薩之間，當地藏人正備馬牛駝運中。該董馬本已由沙抵亞返拉薩，謁見達賴復命。同年十二月五日，傳熱振被害，色拉寺生變後，藏政府將代本阿根巴當日本一員、甲本三員撤職，並聞班禪開革至藏，特派藏兵三隊，到噶倫布黑卡則一帶布防。

（二）藏方在康區最近軍事、政治、經濟及人民生活概況：

1. 軍事：

三十六年西藏毒死熱振王案發生後，康區塩井、宗崖、莽里、格喜等處駐軍，均已撤回西藏，現押當代本（第八團）之一、二兩日本兵力約五百餘名，駐防江卡打當代本（第九團）駐防貢覺，民兵指揮官董馬本，駐扎玉喇嘛寺中，隨帶衛兵一排（係後藏兵），在該地訓練青年及民兵，其配額辦法，科麥縣九十名、作貢縣九十五名、扎玉協敖屬內八十名、江卡縣一百五十名、腳墨對卡三村（一百戶為對卡）十二名，塩井縣貢噶喇嘛家負維持地方治安責任，但此種兵額，雖經分配，而因民間差役繁重，未能隨時接受訓練及服務，藏方有鑒於此，准人民繳納兵額費，由地方負責，每月每兵應繳納三三藏洋十五元，如地方發生其他變故，則由董馬本依照規定，按戶徵兵。

2. 政治：

子、江卡提吉所轄西北區內有重日本、墨巴本、卻安本、可錯本、學日本、卜巴本、結錯本等七員官（每官可管轄數村人民，如地區寬者，可管十餘村），東北區內之宗須一帶，有麻相本、宜馬本、覺日本等三員官，西南區內，有巴經過克不、不那作根、交噶相子、噶龍協敖、郎堆論不、塩井貢喇嘛莽里三必色一保正。

丑、作貢縣（日縱本）子仲、仲哥各一員，管轄擦瓦絨，下至墨扎一帶，扎玉協敖雖屬作貢縣，其官職由西藏政府直委，與作貢縣有參政之權，科麥縣（日桑昂曲縱本）子仲、仲哥各一員，管理思卻卡冲玉，下至察玉、察隅協敖之職，亦由西藏直委，地方政務事宜，與桑昂曲宗有參政之權，數村中，即有對本一名（一百戶舉出對本一名，如保長職），以有知識之公正人員充任，司理民間支派差務一切事宜，協敖則處理民刑及調解民間其他事項，但須受子仲之監督辦理，如不能調解之事項，則報請昌都處辦。

寅、三十六年十月，昌都噶倫通告，自本月起，若無西藏達賴及藏王噶夏昌都噶倫等所發路照，一概不能支應差役，察隅協敖亦同時發布命令各地支應差務現改每月報告一次，又賑務糾紛不得強迫人民，使其逃亡及沒收抵押品

或土地等情事之滋生。

3. 經濟：

藏方康區除糧稅收入外，並於金江、竹巴龍、莽里、江卡扎玉怒江竹瓦根噶幾工、察隅、白土塩井等處，均設有稅收機構，對貨物牲畜之稅捐均苛刻異常，其民間應上繳之糧款、兵額費、牲畜稅及食糧運稅等，必須立繳現銀，每年九月，由昌都派員關放所屬官員糧餉時，將其所收物資，公開變賣，故民間存款不易，其經濟權，全操於藏官手中。又地糧之收入，各地不同，如江卡、作貢、科麥等地，以下種五尅，上納一尅，塩井、莽里一帶，以下種四尅，上納一尅，下種五十尅者，作為一差，下種二十五尅者，為半差，每差繳納地糧較重，但可充任地方一切政務。

4. 人民生活及氣候：

藏屬康區人民差役甚重，多數人民無暇顧及從事耕種工作，所需一切食物，必須仰給於各喇嘛寺借用或購買，故人民與喇嘛寺關係甚密，三十六年西藏發生內變，噶幾工扎那等處人民，因不能支持差務，多荒棄土地外逃。同年十月，新任昌都噶倫，乃下令解除苛政，減輕差役，安撫人民，於是逃亡者始漸歸田，各理舊業，目前尚稱安謐。江卡地處高原，氣候寒冷，出產牛羊，察隅氣候較熱，雖嚴冬期間，草木不凋，高山居民每至八月，則遷至察隅，

至翌年四月，天氣漸熱，始遷回科麥竹瓦根，

及不宗等地。

三、附呈：西康西部地區地形要圖一份，敬供參考。

西康西部地區地形要圖（三十七年六月）

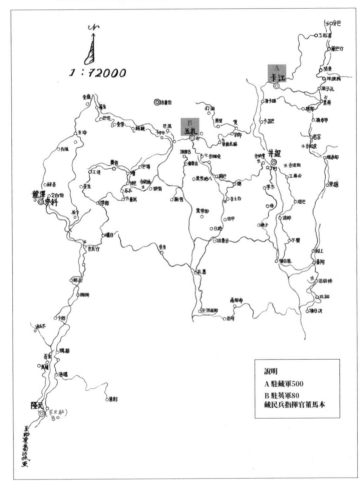

來源：原報人親查。

〈革命文獻—政治：邊務（二）〉，《蔣中正總統文物》。

28. 何應欽呈蔣中正西藏在印度向英國購得之軍火種類及數量（1948 年 6 月 19 日）

查西藏地方政府在印度向英國購得之軍火，現由帕里分運拉薩、日喀則、昌都等地，其種類、數量如下：

（一）運拉薩者計輕機槍五七六挺、二寸口徑小砲八門、步槍六千枝、手槍五百枝、手榴彈約五百枚。

（二）運日喀則者山砲四門外，有軍火一三〇箱，內容尚待探查。

（三）運昌都者步槍一四〇〇枝。

上項軍火聞係英人於戰時在印度剩餘之物資。

據保密局六月八日報稱：西藏於去（卅六）年十一月曾派董馬本運現金六十馱赴印度，向英國購買軍火，其所購得之步槍等正向拉薩運輸中等情，經飭國防部查報此項軍火之種類及數量，據復如上，謹註。附圖呈閱。

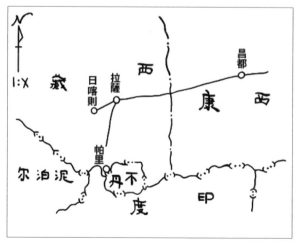

〈革命文獻─政治：邊務（二）〉，《蔣中正總統文物》。

29. 駐印度大使館致外交部快郵代電關於前詢印、巴對英人在西藏之條約上權利義務如何劃分事（1948年7月9日）

外交部鈞鑒：

三十六年九月二十七日歐字第二〇五三八號代電奉悉。關於印、巴對英人在西藏之條約上權利義務如何劃分事，經本館於三十六年十一月五日以第一五一七號節略向印度政府外事部正式詢問去後，旋接印外事部三十七年二月九日節略，以自印度自治領政府成立後，所有英印政府與西藏間條約上之權利義務完全由印度政府承擔，依印度政府所知，巴基斯坦政府並未承擔任何部分等語。關於巴基斯坦部分為證實計，復經本館於本年二月十二日致函巴國駐印度高級專員詢問，頃准四月七日復函略以，去年八月十五日以前，所有印度政府簽訂之國際條約、公約、協定內所規定一切權利義務，此後應時同歸與印、巴雙方，除非此項協定施行於二國內之一國特定地域範圍之內等語，兩方立場顯然各有不同。理合抄同來函文件四件，電請鑒核。

駐印度大使館

附抄函四件。

〈廢除中英關於西藏之不平等條約〉，《外交部檔案》。

第二節　西藏政情

1. 國防部保密局呈蔣中正後藏在京代表計晉美等謀與前藏合作情報（1947 年 1 月 18 日）

邊務要報

一、後藏在京代表謀與前藏合作

後藏國大代表計晉美等，近宴前藏國大代表圖丹桑批、索朗汪堆等，席間後藏代表拉敏益西楚臣發言，謂後藏官民均渴望拉薩政府，迅予確定班禪大師身份，以便設法早日迎回後藏而登寶座，流落內地後藏人士亦應使其回藏，後藏官民若能獲得藏府之許可，則決擁護拉薩政府，請各代表轉呈藏府等語。前藏俗方總代表索朗汪堆答稱，彼等不能代表藏府，惟後藏同胞之痛苦，決轉報不誤，望旅居內地之後藏人士與辦事處等，切勿對前藏旅京人士或辦事處等任何團體或個人，持敵對行為，若能遵守諾言，則回藏後，要求藏府改善過去一切政策，以便相機回藏。拉敏益西楚臣、計晉美等並托西藏文學博士喜饒嘉錯從中調解，聞喜饒嘉錯近奔走達賴與班禪兩辦事處之間，將後藏代表之要求，請前藏代表等轉呈藏府，前後藏之合作，可能有所轉機。

〈革命文獻—政治：邊務（二）〉，《蔣中正總統文物》。

2. 國防部保密局呈蔣中正西藏第十三世達賴親信宮比來京情報（1947 年 2 月 12 日）

據西藏駐京辦事處藏文秘書戴學禮談稱，前代（即十三世）達賴之親信及被騙讓任藏王熱振之至交精色宮比，

攜其幼弟於日前由印來京等語。聞該宮比亦為親中央首
領之一，曾為西藏軍政大權之獨裁官，十三世達賴逝世
後，渠仍獨裁如初，致為官吏所不滿，復以親英派之抬
頭，乃遭驅逐出境，流亡印度十數年。現以抗戰勝利，
中央對西藏必有解決辦法，故特來京。

〈革命文獻—政治：邊務（二）〉，《蔣中正總統文物》。

3. 蒙藏委員會呈蔣中正謂宮比已來京該會因西藏代表現尚留京暫不表示歡迎（1947 年 2 月 18 日）

查宮比係西藏十三世達賴之精色（侍衛長），當時聲勢
煊嚇，與前藏軍總司令龍廈，同為十三世達賴之親信，
自達賴逝世後，西藏政變，龍廈下獄瘐死，宮比被逐至
印，已十餘年，宮比在印時對藏當局親英舉動，深表不
滿，曾由邦達饒幹（本會職員）介紹，加入國民黨，傾
誠中央，遂為印政府嫉視，強迫離境，近已來京。西藏
在京代表以宮比係渠等過去之長官，故迎往北極山村
（西藏代表招待所）暫住，聞西藏代表現與宮比暗加聯
絡，促其早日回藏，以免為中央拉攏，而對藏方不利。
本會因西藏代表現尚留京，暫不便表示歡迎。
判斷或擬辦：據保密局二月十二日報告後，經局函蒙藏
委員會，將該宮比之經歷、思想及事蹟查明見復，據復
如上。查該宮比既為前代達賴之重臣，聲望甚高，又係
讓位藏王熱振之至交，現時藏政府之官員，幾均為其部
屬，其在西藏之潛勢力必甚強大，將來解決西藏問題，
對該宮比似不無借重之處，惟因西藏代表尚未離京，蒙
藏委員會對其尚不便表示歡迎。擬密飭蒙藏委員會，暫

暗中善為招待，俟西藏代表離京後，再行召見。可否？
乞核示。

批示：如擬。

〈革命文獻—政治：邊務（二）〉，《蔣中正總統文物》。

4. 鄭介民呈蔣中正西藏親華首領精色棍披言行活動情報（1947 年 2 月 26 日）

關於西藏親華首領精色棍披之經歷、思想及事蹟，經於
二月十八日情京〇五五九號報告在案。茲據續報稱：西
藏親華首領精色棍披，頃向人談稱：拉薩政府聲聲要求
獨立，實屬狂妄已極，殊不知拉薩政府本身及所轄地
區，均乏獨立條件，如人口太少、生產不足、工業落
後，所有政治、軍事、教育等均極落伍，即全藏民食亦
難自給自足，何能談到獨立，尤其英國刻正準備退出印
度，西藏勢將缺乏外援，為今之計，惟有與中央政府聯
絡，努力生產，完成地方建設，再圖發展，而謀自治等
語。又班禪辦事處長計晉美，為便於與精色棍披商討前
後藏問題起見，近多方與精色棍披聯絡，請其遷入班禪
辦事處居住，並願負責其一切生活費用，且欲代精色棍
披活動一蒙藏委員會職位，刻正在進行中。

〈革命文獻—政治：邊務（二）〉，《蔣中正總統文物》。

5. 羅良鑒呈蔣中正請示召見西藏宮比日期（1947 年 3 月 14 日）

查西藏在京之國大代表已於本（三）月十三日首途返
藏，敬乞指示召見前達賴侍衛長宮比之日期為禱。

判斷或擬辦：據保密局二月十二日報稱：西藏前代達賴之精色（侍衛長）宮比，近由印來京，查宮比為前代達賴之重臣，聲望甚高，現藏政府之官吏，幾均為其部屬，故其在藏之潛勢甚大，將來解決西藏問題，對該宮比似有借重之處，且該宮比已入我國民黨，傾誠中央等情，經擬「俟西藏代表離京後予以召見」呈核，奉批「如擬」等因，經局函蒙藏委員會，據復如上。擬請核示召見該宮比日期。

批示：約見。

〈革命文獻—政治：邊務（二）〉，《蔣中正總統文物》。

6. 陳錫璋密電沈宗濂政府對熱振遇害事變若取緘默態度恐西藏人心盡失（1947 年 4 月 23 日）

即刻到南京。密。

請轉沈處長鈞鑒：

關於藏當道構陷熱振為排漢先聲各節，前經電陳在案，茲分析內幕情形。查西藏現當政者多恐攝政身故，熱振復位，欲趁攝政生前造成一新局面，以保祿位，緣拉魯與熱振為不共戴天之仇，索康因母舅莊田昔被熱振沒收，亦有切齒之恨，葛須巴昔於熱振執政時，獻媚無所不至，下台後反眼若不相識，自知將來不能見容，冉巴頭腦簡單，本屬傀儡，至攝政管家更知熱振登台，死無葬身之地，故皆不惜孤注一擲。攝政老朽，不難為此輩把持矇蔽，未必完全出於自動，新局面造成後，是否投入英人懷抱，揆諸西藏扁邪自大心理及鑒於印度現在奮鬥情形，未必若是簡單，然其輕視中央則昭然若揭，我

對此次事變若取緘默態度，恐將西藏人心盡失，國民大會西藏代表已派代表參加，其為中華領土，重復昭示世界，我平靖地方亂事，英人即有理由可以公然出面干涉，即使引起對英糾紛，尚不失現在相持之局面。際此千鈞一髮，若遇事求全則寄進退失據，坐失西藏。鈞座對藏英問題洞悉隱微，應如何獻策層峯，解決目前危機，敬乞鈞裁。

職陳錫璋叩

卯箇印

〈革命文獻—政治：邊務（二）〉，《蔣中正總統文物》。

7. 沈宗濂呈蔣中正分析近日西藏政變原委並擬處置辦法備供採擇（1947 年 4 月）

敬陳者：

近日西藏發生重大政變，謹分析原委，並妄擬處理辦法，敬乞鑒核。

一、政變之起因

西藏政權，自十三輩達賴於民國廿三年圓寂後，由攝政熱振呼圖克圖掌握。民國卅年熱振以流年不利，請假三年，舉薦達賴之授經師打扎為攝政以自代。卅三年假期屆滿，打扎拒絕還政，並將政府中熱振之親信全數罷免。卅四年春，復調兵保衛素擁護熱政之色拉寺，逐堪布（即方丈），繳武器，於是熱振之勢力日孤，而謀報復亦益亟。

本年二月間，打扎之傳達，忽接木匣一只，內儲炸彈，外書打扎親收。傳達開啟時炸傷頭部。打扎左右斷為熱

振所主使。打扎年事已高（七十四歲），本年足膝發腫，病勢沈重。噶倫葛須巴私函熱振，勸其復位。此函誤送打扎。葛須巴畏罪，聲稱與熱振往來，原為偵察其秘密。為自白計，獻策打扎，澈查炸彈案，逮捕熱振，及與熱振有關之人員。噶倫索康、拉魯與熱振均有宿仇，乘機附和，遂生大獄。

二、政變之情形

甲、逮補下獄者，熱振前攝政外，尚有前噶倫彭康、熱振扎薩葛都活佛、啞戒活佛、西康鉅商桑都倉等。

乙、為避免達賴佛明悉事變情形，將總堪布（即宮內總管）免職。又藉口佛母在守喪期中，阻止與達賴會面。（在平時佛母每晨進宮，午後回邸）。

丙、派兵包圍色拉寺，以防色拉寺喇嘛劫獄。（色拉寺有喇嘛五千人，槍新舊共一千五百枝，素擁護熱政）。

此次政變，將釀西藏之不安。蓋藏民苦貴族之搜搾，平日怨尤藏政府至深。熱振為四大呼圖克圖之一，不論其過去之政績如何，其宗教之地位，向為僧俗人民所崇敬。倘打扎挾私陷害，並破毀廟宇，藏人篤信佛教，反感必大。近日拉薩有電報告：藏政府派人查封熱振在色拉寺之住室時，所派之人為僧眾處死。又拉薩西康商人，多有武器，聞桑都昌被逮，集議反抗。全藏僅有兵士六千人，向無訓練，能集中拉薩者不能超過三千人。若有變亂，無法維持治安。現貴族自危，多數逃入布達拉宮。似此，熱振雖就逮，藏事之演變，正未可知也。

三、中央之處置

中央雖許西藏以高度自治，但如果藏地發生大變亂，為維護佛法，安定秩序，自亦不能漠視。況熱振為中央冊封之禪師，如其生命有危險，而中央不加顧問，亦將損及中央之威信。妄擬處置辦法，謹備採擇：

甲、由鈞座電飭打扎呈報逮捕熱振情形，以示關心。打扎接電後，當不敢對熱振再有非分之舉動。

乙、由蒙藏委員會電噶廈，告以奉鈞座諭，停止攻擊色拉寺，和平處理。西藏官兵多數本不願圍攻佛廟，接電或可借此停戰。

丙、如果藏政府不遵電令時，擬派飛機三架，自成都飛往拉薩，散發傳單，布告人民：中央維護佛教，安定秩序之德意。

丁、若變亂擴大，打扎無法維持地方安寧時，擬派大員進藏：

　　（一）明令打扎、熱振同行退休，中央各補助其寺院。

　　（二）推功德林為攝政，字康札薩（此時請病假）為司倫。

　　（三）罷免一二親英之官吏，以儆其餘。

　　（四）確立西藏自治制度。

　　（五）公布外交及國防收歸中央。

為貫澈（丁）項辦法，似應在昌都、黑河、麗江等邊地，各調駐小數國軍，並派員往印度說明中央安定西藏之真像。以上所陳，是否有當，伏乞睿裁。

謹呈主席蔣。

職沈宗濂謹呈

〈革命文獻—政治：邊務（二）〉，《蔣中正總統文物》。

8. 鄭介民呈蔣中正西藏政變遜王熱振被殺始末一冊請鑒察由（1947 年 9 月 10 日）

本（三十六）年四月間西藏發生政變，親華首要熱振呼圖克圖被親英份子密謀逮捕毒死，色拉寺及熱振寺僧眾雖憤起抵抗，卒因寡眾懸殊，乃於政變發生後一月餘即告平息。謹將此次政變始末之各項材料整編成「西藏變亂」一冊，隨文賣呈，敬請鑒察。

附呈「西藏變亂——遜王熱振被殺始末」一冊。

西藏變亂——遜王熱振被殺始末

引言

中藏關係，在第十三世達賴以前，漢藏關係甚為融洽，後因第十三世達賴與有清駐藏大臣聯豫不睦，奏調漢軍二千入藏，達賴懼逃印度，旋革命軍與駐藏官兵譁變，英人乘機扶助達賴返藏，我戍邊官兵被迫內返，所有武器封交拉薩政府保管，至是在藏基礎全部摧毀，中藏關係遂暫時中斷。嗣後中央雖迭次遣使入藏，關係漸復，但因國內多故，無暇籌邊，政治關係迄未獲得正常發展，致西藏版圖名存實亡，復因國際因素之激蕩，滋長離心危機。現任藏王達扎被親英派包圍，亟脫離祖國，以實現其「大藏族國」之空妄迷夢。中央為順應情勢，並根據國策，固畀西藏以高度自治，但處心積慮者仍未能轉變其所趨，至最近遜王熱振之被消滅，演進已達高

潮。今後藏局之發展，至堪注意，茲將此次事件之始末，輯錄於次：

甲、藏變溯源

一、親英派之形成

當清末十三世達賴被迫遁入印度時，英人見有機可乘，蓄意覬覦，對達賴侍從人員宮批拉察絨等，施以豢養培植，遂成為以後之親英骨幹。民元達賴復位後，更選派世家子弟如龍廈等赴英留學，又遣大批青年赴印度英國兵營受軍事訓練，使為藏軍幹部，親英份子遂掌握實權，此後並圖擴張疆域，逞兵外侵，比遭青康軍之打擊，其迹始斂。民二十三年春，內部發生革命，達賴被毒圓寂，熱振當選為藏王攝行政務，其政治措施一反達賴十三之行徑，擺脫英人羈縻，與中央建立關係，並對親英派施以打擊，由「噶緒巴」（現任葛倫）挖「龍廈」（即拉魯噶倫之父）之目，並將宮批拉江洛鑑及宇妥的古松代本、索康汪欽的扎機代本、瓊讓代本等，分別褫職削官充軍懲罪，親英派之勢力，遂遭瓦解。

二、兩派爭長政權更替

此後熱振以環境所迫，於民國三十年突然宣告辭職，並舉薦達賴師父榮增達扎繼任攝政，當時曾約期三年，仍將政權歸還，此事實予親英份子以恢復權位之機會，彼輩見達扎昏憒無能，並利用其親信人員貪污弱點，施以重賄賂買，故索康汪欽、噶緒巴、拉魯三人，先後取得噶倫位置，宇妥夏格巴則攫據昌都、黑河兩據點，最近又將德格色升為代本，至是軍政兩權均為親英份子所掌握，對熱振派自施排撻鍛羽，並以陰謀手段宰割彭康噶

倫，中下級人物亦遭延及。

三、熱振復權運動

三十三年冬，達扎執政三年期滿，熱振要求履行諾言，交還權位，達扎派自不甘輕於放棄，致無結果，熱振派色拉寺堪布等，乃發動武裝全寺喇嘛反抗政府，殺死藏官。相持數月後，藏府用欺騙手段，以哲邦寺堪布擔保，請色拉寺堪布管家等重要人員到噶廈開會，當場逮捕，分別處罪徒流，惟重要堪布阿旺逃往重慶。當時藏方認係赴中央請援，備致疑懼，更因熱振被選為中央監察委員愈加嫉恨，為根本削制熱派勢力，乃決心予以澈底清除。

乙、熱振被殺事件

一、事變前夕

藏王達扎圖謀消滅熱振之主要原因，乃在排除親漢份子，使西藏與中央脫離關係，而達其依附英人謀取獨立之企圖。其進行步驟，一面明令繳納私槍，下令熱振不得擅購馬匹，以削減熱振勢力；一面並密謀部署計劃，於本（三十六）年五月（藏曆三月）間舉行達賴十三週年紀念典禮，熱振前往參加時，即予逮捕。

嗣經考慮為激發輿情，以掩飾其陰謀面目，乃故布以下偽局：

（一）當拉薩年節時（二月二十三日），噶緒巴噶倫曾函熱振管家，謂達扎病重，朝不保夕，應速迎接熱振佛來藏以謀復位，將信故意錯送達扎管家處，以造成熱振有圖謀政權之企圖與部署之空氣。

（二）四月九日，有不詳姓名者一人，送藏王達扎之傳遞官木匣一件，謂係西康某縣送藏王之禮品，請交藏王面拆。適該傳遞官外出，由其僕人將禮品收下，疑係貴重物品，乃私自拆看，見內一布條包裹一物，迨將布條取去，該物即衝出濃煙，僕役當即逃出室外，該物旋行爆炸，渲染為圖刺達扎之陰謀。

二、熱振被捕

藉故上述事件之發生，西藏政府突於四月十三日召開緊急會議，決定拘捕熱振。當晚十時派索康、拉魯兩噶倫與藏軍副總司令等率兵赴熱振寺（距拉薩約兩日行程），行前先派騎兵七名前往偵察，次（十四）日復有大批軍隊開往接應，晚間拉薩熱振行宮被包圍，將熱振之新舊管家三多昌等四人逮捕，羈押於布達拉監獄，十五日復將寧插活佛（後越獄自殺）及貢向巴五品官逮捕。

索康、拉魯兩噶倫至熱振寺後，以拉薩情勢不穩為名，請熱振前往鎮攝，熱振信實竟隨之同往，時色拉寺喇嘛已知藏府派兵逮捕熱振，曾派隊至中途營救，因道左未值，四月十八日，熱振由索康葛倫解抵拉薩囚禁。

此事發生後，拉薩三大寺對熱振均表同情，十八日晚，色拉寺僧徒舉行暴動，殺死反對熱振之節扎倉堪布（即旦脊瞞），即與藏軍開戰。

三、色拉寺暴動

色拉寺僧徒為援助熱振舉行暴動，後該寺即為藏兵包圍，由噶緒巴噶倫親自督戰，實行進攻，並以大炮三門

參加作戰，因於二十日射擊未中，乃於二十一日請英人測算。藏府下令二十二日以前奪取該寺，色拉寺僧眾則於該寺背後山上築成工事，藏府久攻不下，又因四月二十七日為達賴入寺典禮日期，不易更改，藏府恐將有擾藏兵作戰情緒，故極感不安，尼泊爾駐藏代表，並藏方各大活佛，及上下中巴院代表與哲邦寺代表等，曾乘機出面調解，色拉寺乃提出要求：

（一）釋放熱振及其他囚犯；

（二）保障寺院安全。

因雙方條件相距太遠，調解迄無結果。二十四日，藏府將熱振手書有關恢復王位等信札向各調解人宣布，作為熱振之罪狀。同時另抄一份，轉交色拉寺，以證明藏政府拘捕熱振為當然之行動，而寺方則堅持須將熱振釋放後再召開大會，以證明熱振之非法，否則絕不停戰。嗣藏府乃宣布如二十五日調解仍無結果，不惜施以毀滅之進攻。屆期調解無效，四月二十七日藏府由江孜調到藏軍三百餘名（主官為崔果代本）增援，色拉寺僧將藏軍誘入寺中，消滅百餘人，二十八日夜仍處於對峙狀態，至二十九日，色拉寺彈藥不繼，藏籍喇嘛聽從哲邦、噶丹兩寺調處，向藏府投誠，西康、青海籍者逃往熱振寺繼續抵抗。此次色拉寺之戰，計藏軍死傷五百餘名，僧眾死傷二百餘名。

四、熱振處死

藏王達扎於四月二十四日召集僧侶官員二百餘名，在布達拉宮審訊熱振，將彼圖謀復位之有關函件當眾宣布，至對熱振之處置，藏府原決議處以挖眼酷刑，後議從

寬，改處割手割足之罪刑。嗣接中央電令，飭藏府將熱振釋放，乃認為處刑不妥，釋放不能，卒於五月七日夜將其毒斃。事後將熱振屍體移至喜得林，熱振死後，面部呈青黑色，耳鼻等處仍有血痕，厥狀至慘。因熱振為宗教領袖，人民每日前往朝拜者凡數千人，多流淚痛哭，市上並發現傳單甚多，對達扎之陰毒行為，備致攻擊。

五、進攻熱振寺

藏軍進攻熱振寺，戰鬥不利，因該寺僧民共約二千餘，武器亦佳，且僧眾居高臨下，藏軍二百進入隘口後，寺僧掃以機槍，致進退失據，全部被殲。五月十二日，藏兵再派差赴拉薩求援，藏府除於十及十一兩日增援四百名外，十二日乃復增兵五百名前往，計前後圍攻熱振寺之藏兵共有三千餘名，迨藏兵末批援軍趕到後，熱振寺僧眾已將該寺自動放棄，由熱振香子率領逃往哲取卡（長江上源）一帶，仍麕集未散，並截劫藏府公私物資，藏府對之撫剿皆無成效，頗感棘手。

六、事變前後藏府動態

藏方於此次事變前後，為嚴密部署，排除異己，已完成其整軍步驟，如夏格巴調升黑河總管，其代本遺缺，由卜龍色繼任，打當代本然薩甲根則易以德格色，以上二人皆為親英份子之少壯派，事變後，復將砲兵代本定庸及加當代本如妥結補撤換（二人皆為忠厚長者）。砲兵現由色雜向北移動，似防熱振寺逃僧襲擊黑河，加當部（定日兵）二百五十名原為宇妥衛兵現已奉令調藏。

德格色升任代本時，藏人之目的，原欲使其駐防江達，

以便與德格土司密取聯繫，旋因藏中變亂擴大，又因不
受中央勸阻，將中委熱振殺害，深恐中央問罪討伐，又
得康定探報，藏方發表德格色任代本後，德格土司為表
明態度，已電請劉主席發兵收復河西德格轄地等語。故
藏方為恐刺激康方，與避免誤會，遂取消原定計畫，立
令德格色率所部自乍雅開往江卡（寧靜）而調防江卡之
下里巴部，來昌都充拉魯衛隊。另為加強各地實力，
由昌都發出輕重機槍若干，增配駐防金沙江以西各部
隊暗作防禦準備，並有派員赴印，請求英人援助，及
阻止接近中央及中央人員入藏之舉，英人駐拉薩辦事
處亦在擴大中。

〈革命文獻—政治：邊務（二）〉，《蔣中正總統文物》。

9. 鄭介民呈蔣中正藏軍沿青康邊境增防等情報（1947 年 9 月 23 日）

案奉鈞座（卅六）申寒侍洪字第七〇六五八號代電略以
「西藏政府派兵沿青康邊境增防，並請英人阻止中央大
員經印入藏，又英駐拉薩辦事處亦在擴大中，實情如
何，希查明具報」等因，遵查藏軍沿青康邊境增防，經
本廳九月九日以張筧僅字第三八九號呈報在案，並轉飭
駐藏人員陳錫璋、江新西等確查報稱「藏軍沿青康邊境
增防屬實，財政官夏古巴（又譯名為謝高巴）赴英、美
活動，正準備經印前往，至其阻止中央人員入藏，乃藏
政府一貫政策。關於英駐拉薩辦事處自八月十五日英還
政於印後，該辦事處英籍代表及工作人員，已向印督呈
請辦法，並請發給養老金及旅費等，以備返英，但印方

尚未答覆。又據確息，英駐藏辦事處將改由印度代表接充」等情，理合呈請鑒核。

附件一

據報，沿青康邊境藏軍增防一事屬實，在昌都、黑河兩縣管區內之兵力約有四千餘人，計各部隊之駐紮及番號如下：步兵第七團駐黑河及其以東地區，步兵第三團（最近調去）駐青邊卅九族之色雜，第六團（即砲團）駐類伍齊，步兵第八團駐昌都（近由寧靜調來），步兵第九團駐寧靜（最近調去），步兵第四團駐昌都以東貢覺及武城地區，步兵第十團駐工布（在太昭東南地區），步兵第十二團駐昌都東北峽隆塔地區（在鄧科縣西）。以上為最近之狀態（附要圖）。

謹呈主席蔣。

國防部第二廳廳長鄭介民呈

卅六年九月八日

附件二

青康邊境藏軍兵力位置要圖（三十六年九月八日）

〈革命文獻—政治：邊務（二）〉，《蔣中正總統文物》。

10. 鄭介民呈蔣中正西藏政變後熱振寺被擊潰潛逃僧眾有入康之勢等情報（1947 年 10 月 12 日）

現任藏王達扎自將前任藏王熱振毒斃後，色拉寺與熱振寺僧眾，曾起而反抗，惟經激戰數日，即被藏軍擊潰，熱振寺僧眾百餘人，遂繞道入青海，近由青海屬之玉樹有潛入西康模樣。康省劉主席文輝聞悉後，以未奉中央命令收容，拒絕入境，已電令甘孜、德格、石渠、鄧柯各縣縣長嚴密防阻，並設法隨時查報該等僧眾之動態。

來源：原報人親查。

意見：呈供參考。

〈革命文獻—政治:邊務(二)〉,《蔣中正總統文物》。

11. 國民政府參軍處軍務局呈蔣中正西藏地方政府對選派代表出席國民大會決議原則情報(1947 年 10 月 14 日)

西藏地方政府於八月廿五、廿六兩日召開會議,對選派代表出席國民大會一事,決議原則如下:

(一)中央電令西藏方面選派四十人出席國民大會,為塞責與應付起見,準備不如數派遣。

(二)藏政府對此次出席國民大會之代表,決不授予任何使命或權利,代表等對中央之意見或指示,亦不負任何責任。

〈革命文獻—政治:邊務(二)〉,《蔣中正總統文物》。

12. 劉師舜呈蔣中正核議蒙藏委員會對藏政意見五項(1947 年 10 月 17 日)

奉鈞座九月十七日府交字第一三三九六號代電開:「據蒙藏委員會許委員轉呈駐藏辦事處兼代處長陳錫璋對藏政意見五項極關重要,茲特抄附原呈,希即商同羅大使迅予核辦具報為要」等因;抄發原呈一件到部。

查本部業准蒙藏委員會代電,並奉行政院令,抄發該會原代電一件,案同前因,經已簽具意見分別電復並呈復各在卷。嗣奉行政院批示,依本部所議辦理。復經與羅大使縝密研究,詳擬辦法如次:

甲、關於藏事要求印方與我中央談判一節。此事我方曾於本年春間向印度政府作非正式表示,尼赫魯已作

　　肯定答復，容相機與印方正式談判。

乙、藏人入印待遇問題。英人爭取藏人好感，藏人入印
　　不需護照，我內地人則否，我中央如徒在形式上求
　　藏人與內地人待遇一律，則藏人未蒙實惠，先受拘
　　束，將生惡感，殊非懷柔之道。印方對我一部分人
　　民不需護照，許其自由入境，我方無反請其加以限
　　制之理。又我雲南邊境人民入「上緬甸」亦不需護
　　照，近緬方擬加以限制，我方且極力反對。故此項
　　建議殊不可採。此事似可原則上照舊辦理，惟細節
　　上加以改正，並於將來中印訂約時，將此點於約文
　　上特別載明，以表明我中央在法律上之地位。至留
　　印藏人應向我使領館登記一節，係我內部之事，無
　　庸向印方要求或聲明。

丙、拉薩英印代表辦事處繼續設立問題。查拉薩英代
　　表辦事處之設立原無條約上之根據。茲值英代表
　　撤離拉薩之際，本部擬與印方交涉撤消該代表辦
　　事處問題。惟西藏地方政府態度應與中央一致，
　　如我中央交涉撤消，藏方則邀請或允許印方繼續
　　設立，則不特交涉不易有成，抑且影響中央對藏
　　事發言之地位。本部已函請蒙藏委員會電飭駐藏
　　辦事處勸導西藏政府表明態度。擬准復再行核
　　辦。

丁、廢除中英關於藏務不平等條約問題。此事似宜在中
　　印商訂有關新約時討論。惟現值光緒卅四年（一九
　　〇八年）中英修訂藏印通商章程實施屆滿四十年，
　　按約我方可提請修正之時，擬即向英印提出修約問

題，以試探英印態度。如英印原則上贊同，擬即開
始談判，以修約方式廢除此項不平等條約。

戊、劃清藏印邊界問題。此事頗為繁重，所需準備工作
甚多，西藏地方與中央合作係其首要條件。擬俟中
印訂約後再議。

奉令前因，理合將辦理情形呈請核示祗遵。

謹呈主席蔣。

外交部政務次長代理部務劉師舜呈

〈革命文獻—政治：邊務（二）〉，《蔣中正總統文物》。

13. 羅家倫呈蔣中正為報告國民大會場中關於邊疆問題之紛擾情形及應付意見（1948 年 4 月 11 日）

總裁鈞鑒：

現在會場中關於邊疆問題，有離奇之醞釀，以表面之甘
言，作分離之運動。內蒙代表仍主自東北起，分割熱察
綏寧，以迄西北，成立一統一的自治政權；以「盟等於
省，旗等於縣」之口號，分裂行省，與其對抗。此其
一。新疆代表欲廢省治，徐圖東土耳其斯坦共和國之建
立，或先取得與西藏相似地位。此其二。內地藏族代
表，欲建立東藏政府，名為與西藏對抗，實則欲割裂川
康甘邊區，此其三。最可慮者，現在蒙、新、藏，以及
滿族、回教代表，均在力謀結合，打成一片，而中央方
面毫未注意。內地代表不解邊情，常為所惑，設不及早
防止，恐將不可收拾。倫在會場聞見較多，驚心怵目，
為此密陳鈞座，敬懇迅速指定本黨精幹忠貞之同志，負
責專管邊疆審查組事宜，不使出軌。同時密令黨團負責

同志，約集熱、察、綏等省同志，及注意邊政同志，參
加邊疆組，使其人數不致為有作用者所壟斷。同時並密
切囑出席大會同志，予以注意，則未始不能消患於未
然。此事關係國家領土之完整，政令之統一，爰敢迫切
陳詞，敬乞鑒察。專肅，敬請鈞安。

職羅家倫敬呈

〈國民大會代表選舉事務案（十八）〉，《國民政府檔案》。

14. 蔣中正致吳鼎昌轉中央黨團指導委員會代電為國民大會場中關於邊疆問題之紛擾情形及應付意見（1948 年 4 月 15 日）

吳秘書長轉中央黨團指導委員會勛鑒：

據密報稱現在會場中，關於邊疆問題有離奇之醞釀，以
表面之甘言作分離之運動。

（一）內蒙代表仍主自東北起分割熱察綏寧以迄西北
成一統的自治政權以「盟等於省，旗等於縣」
之口號分裂行省，與其對抗。

（二）新疆代表欲廢省治，徐圖東土耳其斯坦共和國
之建立，或先取得與西藏相似地位。

（三）內地藏族代表欲建立東藏政府，名為與西藏對
抗，實則欲割裂川康甘邊區。

最可慮者，現在蒙新藏以及滿族、回族代表均在力謀結
合打成一片，而中央方面毫未注意，內地代表不解邊
情，常為所惑，設不及早為防止，恐將不可收拾等情。
此類情形實屬違反國家民族之利益，希即指定本黨精幹
忠貞之同志，負責專管邊疆審查事宜，不使出軌，並由

兄等約集熱、察、綏等省同志及注意邊政同志，參加邊
疆組，使其人數不致為有作用者所壟斷，同時密囑出席
大會同志予以注意為盼。

中

卯銑交秘

〈國民大會代表選舉事務案（十八）〉，《國民政府檔案》。

15. 毛人鳳呈蔣中正西藏政府商議廢班禪並拘捕其部屬及各方對班禪入藏態度情報（1948 年 9 月 15 日）

據拉薩安振宗九月十四日電稱：

（一）藏方商議拘捕班禪部屬及廢除班禪部屬及廢除
班禪職位，不許入藏，於最短期內（半月左右）
先將班禪部屬各官員全部拘捕後，再設法廢除
班禪名位，永不轉世，現此案已送呈藏王批
核，若批准，即將執行。

（二）後藏組織請願閣要求中央護送班禪入藏，企圖
脫離前藏之管轄。

（三）藏方增防青邊，防範中央護送班禪入藏，近藏
方據報，西寧方面先後運公物千餘馱至玉樹，
此項公物，即係班禪入藏之前站，亦有謂去年
修築青新公路，業已竣工，政府又擬修築青藏
公路，此項公物或係修路之工具。

昌都總管拉魯認為該項公物不論為班禪前站，
為築路工具，皆與西藏有關，除飛報拉薩請示
外，並調駐防類烏齊之甲當代本頗龍部開往囊
謙入三十九族要隘之加桑卡，以備防範。

（四）結康堪布談，中央對班禪轉世事及藏方代表應
　　持之態度：1. 關於迎接班禪靈童事宜，余等僅有
　　代表之空名，其實際權力全在藏政府手中，凡
　　後藏代表呈中央之電文，若有傾仰等字句，藏
　　政府必將其刪去，致使後藏官民對中央之仰慕
　　態度，難以表達，所有呈中央之電文，余等僅
　　遵命蓋章而已。2. 中央對於班禪轉世事，應有
　　一貫主張，主張既定，即貫澈實行，勿朝令夕
　　改，畏首畏尾，否則不但不能成功，反令邊民
　　輕視中央。3. 年來因藏政府擴軍，差役加重，
　　下級官員及普通人民痛苦異常，故渴望中央迅
　　速入藏掌握政權，此種情緒，不僅後藏方面，
　　即前藏人民亦然。4. 中央素以寬大及親愛態度
　　對待西藏各代表，致養成藏人之自大心理，如
　　領袖及中樞各省長隨便接見西藏代表，談笑自
　　若，實所不宜，應嚴肅威儀，使其有所畏懼，
　　藉以消除其自大心理等語。

〈革命文獻─政治：邊務（二）〉，《蔣中正總統文物》。

16. 毛人鳳呈蔣中正西藏駐京代表降巴阿旺等從事獨立活動與停止原因情報（1948 年 11 月 20 日）

藏方前以奸匪軍事得利，認為中央政府即將崩潰，乘機
命令西藏駐京辦事處代表土丹桑布、土丹策丹、降巴阿
旺等，在京與英國大使館商榷，設法使西藏獨立，宣布
西藏建國，旋以徐州局勢轉佳，土丹桑布等始打消赴港
之行，並致電拉薩藏府，略謂：「中央局勢並非極端嚴

重，關於西藏宣布獨立事，宜從長計議」等語，刻尚未
接獲藏府復電，預料西藏不致最近宣布獨立。

〈革命文獻—政治：邊務（二）〉，《蔣中正總統文物》。

第三節　夏古巴所領西藏代表團活動

1. 蒙藏委員會致外交部快郵代電據報西藏政府決派夏古巴等赴英、美乞援（1947 年 6 月 17 日）

外交部公鑒：

前據本會駐藏辦事處電，稱藏政府因處理熱振事件未遵中央旨意，心懷疑懼，曾向拉薩英代表商請援助。英代表答以英國對印度糾紛已極感棘手，恐無餘力相互，遂又決定派資本夏古巴先往英國、後赴美國乞援，正在準備起程，惟以護照問題，是否化名向我駐印度大使館或總領事館冒領，抑或該資本前往南京向中央設詞請求，均未可知。頃又據報密息，藏政府現決定夏古巴赴美任務為向國聯會活動獨立，英人允予協助。啟程約在一月以後，索康代本因略通英文，將與偕行各等情。特電查照，敬悉密切注意。如獲密報，並希密為示知為荷。

蒙藏委員會篠印

〈西藏派商務考察團赴英美等國活動（一）〉，《外交部檔案》。

2. 王世杰密致羅家倫代電悉密切注意西藏夏古巴等抵印時活動（1947 年 7 月 7 日）

駐印度大使館羅大使：

密。關於西藏當局擬派仔俸夏古巴赴英、美活動事，七月一日歐36 字第13734 號代電計達。頃續據報稱，西藏當局派夏古巴赴美任務為向聯合國活動獨立，英人允予協助。啟程之期，約在一月以後。代本索康因略通英

文，將與偕行等情。除分電駐阿富汗公使館、駐加爾各
答總領事館及駐孟買領事館外，特電知照。如該夏古巴
及索康抵印時，希密切注意其行動，設法勸阻其前往，
並將其活動情形具報為要。

王世杰

〈西藏派商務考察團赴英美等國活動（一）〉，《外交部
檔案》。

3. 蒙藏委員會致外交部快郵代電夏古巴等人離開西藏前往印度將轉赴南京情形（1947 年 11 月 6 日）

外交部公鑒：

查夏古巴等原定十月十三日離藏赴印轉京，業已電達在
案。茲據本會駐藏辦事處戌東電稱：「查酉元日係夏古
巴等呈報藏政府之行期，是日彼等均出拉薩，受人祖
餞，當晚折回。夏氏翌日赴其莊上，留數日即行赴印。
邦達昌廿六日實行離薩，索康代本則定於十一月五日首
途，均在葛倫堡會齊」等情，特電查照。再，夏古巴等
抵加爾各答後，何時自加首途飛京，並請電知駐加總領
館預先電示為盼。

蒙藏委員會
戌魚印

〈藏案紀略〉，《外交部檔案》。

4. 王世杰呈蔣中正西藏代表夏古巴等抵印後曾訪甘地
與尼赫魯（1948 年 1 月 2 日）

據駐印大使羅家倫十二月卅一日電稱：「西藏代表夏古
巴等抵印後，曾訪甘地四次、尼赫魯兩次，報端均未披
露，而由本館探悉者，廿九日夏來本館，據稱此行純為
商務，無政治使命，並稱將先赴中國，謁主席後再轉
英、美，當贊成其先來南京，並告其英國退出印度後，
中央對西藏將加重扶持保障。渠等在新德里尚須留三、
四日，已請英、美各國使館，勿發夏等之護照，各使館
均表示同意。惟甘地向不多見外賓，今竟接見渠等四
次，殊可研究，當密切注意」等情。前據保密局報稱：
「西藏將派夏古巴等赴英、美活動獨立，但以考察商務
為名」等情，經飭外交部轉飭駐印大使館密切注意，如
確其事，須請英美各使館勿發渠等護照，並促夏等來京
領取護照。擬飭外交部及蒙藏委員會，如夏等來京，宜
優予招待，勸其勿單獨赴英、美考察，如對英、美有所
請求，可由中央辦理。

〈革命文獻—政治：邊務（二）〉，《蔣中正總統文物》。

5. 羅家倫密電蔣中正已防範西藏商務代表夏古巴等人
赴印購軍火等經過情形（1948 年 1 月 8 日）

南京國民政府。密。

主席鈞鑒：

亥敬侍電敬悉。西藏商務代表夏古巴等四人來印，均已
經布置宴會，防範購軍火事，以前在英軍手中購得少
數，容或有之，但現印政府毫無售彼軍火跡象，亦無此

餘力。彼自發護照事，經與印政府及有關各使館商洽就
緒，彼無法不經本館同意取得簽證，故知難而退，決定
先回中國，已於七日離德里赴加城候機，轉昆明再來南
京，彼等要印政府藏貨經印售美者，須結美金，現尚無
圓滿答復，故此行不能謂成功。彼到京後商擬赴美、
英，此事俟其到後，請中央處置，夏等頗機警狡詐，盼
主管機關長官明瞭此點。又蒙巴頓夫人為滇緬路救護傷
兵，功經我政府贈景星章，昨由倫在館授與，彼夫婦均
託代謝鈞座及夫人。

職羅家倫

子齊

〈積極治邊（七）〉，《蔣中正總統文物》。

6. 羅家倫呈報西藏代表夏古巴抵印後訪晤甘地、尼赫魯據稱擬先來中國晉謁再轉英、美等（1948 年 1 月 9 日）

駐印度大使飭羅家倫大使十二月卅一日呈報：西藏代表
夏古巴抵印後，曾迭訪甘地、尼赫魯，據稱擬先來中國
晉謁後，再轉英、美。經告以中央對西藏願加強扶持與
保障。公批曰：「飭知外交部及蒙藏委員會，如夏等來
京，宜優予接待，勸其勿單獨赴英、美考察。如對英美
有所請求，可由中央辦理」。原呈稱：「西藏代表夏古
巴等抵印後，曾訪甘地四次、尼赫魯二次，報端均未披
露。二十九日，夏來本館，據稱此行純為商務，無政治
使命。並稱將赴中國謁主席後再轉英、美。當贊成其先
來南京並告其英國退出印度後，中央對西藏加重扶持保

障。渠等於新德里尚停留三、四月。惟甘地向不多見外賓，今竟接見渠等四次，殊可研究，當密切注意。」

〈事略稿本—民國三十七年一月（一）〉，《蔣中正總統文物》。

7. 劉師舜呈蔣中正對西藏代表團夏古巴等由香港赴美國後之處理情形（1948 年 9 月 17 日）

對西藏代表團赴美後之處理情形。

夏古巴等赴美經過：

一、西藏代表團夏古巴等離京之初，一再表示不赴英美，將赴滬轉港返藏，該代表團於七月三日飛港後，竟將密持西藏自備之旅行文件，請美國駐香港總領事館簽證，於七月六日飛美。

與美國交涉情形：

二、自悉夏古巴等赴美，葉次長即向美大使館口頭質詢，美國素承認西藏為中國主權，西藏即無單獨辦理外交文件之權力，美駐港總領事，此次竟將夏古巴等所持西藏旅行文件，予以簽證，並未通知我駐港郭特派員，是否為美國變更承認，西藏為我國主權之表示，據美大使館人員面稱，美國並無變更承認西藏為中國主權之意，至美駐港總領事此次所為，俟陳報大使轉請美政府查明復示後再告等語。

本部同時電示駐美顧大使：

（一）向美政府查詢，美駐港總領事對西藏代表團自備文件之簽證，是否經報美政府核准

　　　　者，並說明該代表團僅屬商務考察性質，
　　　　如該代表團有正式交涉事宜，應由中美政
　　　　府直接磋商。

（二）須與該代表團切取聯繫，如對外接洽，該
　　　　代表團應先與大使館磋商，再由我使館代
　　　　洽，並剴切告知該代表等，在美言行務須
　　　　謹慎，及中央誠心協助西藏。

（三）該代表團在美言行，須嚴密注意，隨時具
　　　　報，對該代表團在美考察，可酌予協助。

顧大使電告在美交涉情形：

三、據顧大使七月十七日電復，略以經遵電示，面陳馬
　　歇爾國務卿，答以「美對西藏，擬完全尊重中國意
　　見辦理」等語。

夏古巴等抵舊金山之談話：

四、夏古巴等飛抵舊金山時，曾向新聞界發表談話，
　　略謂西藏與中、蘇、印三大國毗鄰，若予一國以特
　　權，勢難拒絕其他二國，故對三國一律排斥，以示
　　無所偏倚。

對夏古巴談話之處置：

五、西藏派遣代表團赴英、美活動，並擅發出國旅行文
　　件，而該代表在美，妄作政治談話，殊屬越軌，我
　　中央應對西藏當局有所表示，經與蒙藏委員會商定
　　辦法如下：

（一）要求西藏訓令該夏古巴等，不得在外作政
治活動或談話，及今後行動，須與我國駐
外使館，先行商定。

（二）訓令西藏駐京辦事處，自行宣布已參加國
大立法院及監察院，並無獨立之意。以上
辦法，正由蒙藏委員會與西藏洽辦中。

顧大使電報該代表團在美活動情形：

六、據顧大使七月廿四日先後電稱：「西藏代表團攜有
達賴喇嘛親署之照片及函件，擬送致美總統，聞夏
古巴已請美商務部代向總統訂晉見日期，經詢國務
院，據答：『上次戰爭期中，美國情報人員入藏工
作，多承優待，故對該代表團請見總統事，不願毅
然拒絕，以免影響美國與西藏之情感，盼大使轉告
該代表團，由貴大使館代向白宮請訂晉見日期』等
語，經大使館向白宮請訂日期後，轉告夏古巴，並
告以國際儀節通例，凡國內要員晉見他國當局時，
應由大使偕往介紹，屆時請先至大使館，約同往
見，嗣後夏古巴決定不見美總統，將達賴照片及函
件，交由大使館轉遞，函件內容係普通問候及友好
之詞。該代表團於八月三日赴紐約，據云在紐約勾
留一月，再赴英國」等情。

與英國交涉情形：

七、自夏古巴等赴美後，恐其或將赴英，本部又電駐英
鄭大使密洽英外部，如該代表團申請赴英簽證，應

飭英駐美使領館，令其呈驗中國護照，否則請予拒
絕簽證，據鄭大使復稱，經向英外部洽商，據云：
「該代表團在南京時，已得英大使館簽證」等語。
我即斥以西藏為中國領土，英大使何以不徵我外部
同意，即行簽證？該部無言以對，僅表歉意。嗣據
顧大使電稱，該代表團決定赴英，如強迫其在美換
領我國護照，事實上殊難辦到，事已如斯，乃電鄭
大使向英政府申明我國立場，該代表團來英後，請
英政府依照我國意見辦理。

顧大使觀察美對該代表團優待之意見：

八、美國對西藏代表團優待之用意，當有某項企圖，依
　　觀察，似係美國欲利用西藏為將來對蘇聯作戰之空
　　軍基地。謹呈鈞鑒。

擬辦：

（一）項已據蒙藏委員會七月八日呈報，經由第二局
　　　列呈「擬復悉」，奉批「如擬」等因在卷。

（二）查二、七兩項所報美駐港總領事及英駐京大使
　　　館，均曾就西藏所發旅行證件，擅予簽證一
　　　節，確有未合，而在外交上，令人生一西藏並
　　　非我國國土之感，雖經我外交人員，於國內外
　　　口頭聲明立場，英、美二國，亦均微有歉意，
　　　然談話情形，迄無書面紀錄，交換存照，亦嫌
　　　不甚週妥，似應飭相機提出書面聲明，藉為他
　　　日交涉預留地步。當否？乞示。

（三）呈閱。

（四）此後倘有類似荒謬談話發生，似應飭我駐外使
　　　館，立予糾正。

（五）擬電蒙藏委員會，切實督促辦理，並將辦理情
　　　形呈報。

（六）呈閱。

（七）同（二）項擬辦。

（八）呈閱。

〈革命文獻─政治：邊務（二）〉，《蔣中正總統文物》。

8. 羅家倫函尼赫魯對西藏貿易考察團任何商談結果概不予承認附梅農復函（1948年12月31日）

親愛的首相先生：

我聽說西藏貿易考察團已回印度，將與印度政府當局有
所商談，對於西藏有關的問題，尋求協議。他們此次在
歐美考察期中難免受某種帝國主義的企圖，及對中國不
友好的論調所影響，因而，在某些場合中，他們曾顯示
將有不利於中國的企圖，此種企圖，顯然是與他們所標
榜的公開任務毫不相關的，雖然我個人並不相信這種膽
大妄為的企圖，能使遠見人士，予以重視。

我深深相信，印度政府基於我兩國間的傳統友誼，負責
談判的部門，在商談時必能鄭重注意，倘西藏貿易考察
團提出有損中國領土主權的完整時，將不致鼓勵對方，
而當斷然拒絕討論，任何此種商談之結果，不僅中國政
府不予承認，所有中國人民亦將深致痛恨，我以為，那
些不願中、印兩國和好的人，也未必能利用這個機會，

使貴我雙方的感情惡化。

中國政府在艱難之際，我相信印度政府必深切瞭解我上面所說的幾點，能採取合作的態度，維持法律與道義的尊嚴。

羅家倫

一九四八年十二月三十一日

新德里

附：梅農復函

親愛的羅博士：

首相先生囑我奉緘閣下一九四八年十二月三十一日關於西藏貿易考察團的信，業已收到。謹向閣下保證，我們決無意圖欲與該團討論任何足以損及中國主權領土完整的問題。同時，我們作夢也沒有想到中國在艱難的時候，來作任何使中國為難的事體。

你忠實的梅農

一九四九年一月三日

於新德里外交部

《羅家倫先生文存》，第七冊函札，頁 251-252。

第四節　西藏在京人員與中央駐藏人員之疏散撤離

1. 白雲梯呈蔣中正蒙藏委員會遷穗辦公暨辦理疏散蒙藏在京人員及失學學生情形（1949 年 2 月 23 日）

敬呈者：

謹將本會最近工作情形報請察核：

一、本會奉令來穗辦公，於一月二十七日先行乘機飛
　　滬，於二月五日來穗辦公。辦公地點：廣州越華路
　　六十二號之三。臨行時，所有南京未了事宜，經派
　　委員白鳳兆、梁芝祥率領員工十一人留駐繼續辦
　　理，並派委員白鳳兆參加行政院聯合辦事處辦公。

二、各蒙藏駐京辦事處計蒙古各盟旗聯合駐京辦事處、
　　章嘉呼圖克圖駐京辦事處、西藏駐京辦事處、班禪
　　駐京辦事處、綏境蒙政會駐京辦事處，均經本會接
　　洽交通工具，隨同本會先後經滬來穗，除留一部份
　　重要人員在穗接洽公務外，其餘人員遷桂林辦公。

三、西藏駐京代表土丹桑布、土丹策丹、姜巴阿旺三
　　人以國內局勢關係，暫移駐印度噶倫堡。據彼等表
　　示其駐京任期，西藏政府規定為五年，現僅任職三
　　年，決不回藏，暫駐噶倫堡候命，一俟國內局勢稍
　　定，即行返任。

四、班禪行轅秘書長王樂階前為接洽班禪靈童回藏事來
　　京，已有結果。經職請發旅費壹佰貳拾萬元，在旅
　　費未發下前，由本會招待於杭州暫住。

五、蒙古德王前奉總統電召，專機飛京展觀，現已任務

完畢，於職離京前洽妥專機飛蘭，並派委員何兆麟隨同照料，分函張主任文白、甘肅省郭主席就近關照，賜予便利，旅費及特別費壹佰伍拾萬元，臨行時以國庫遷穗未領，由本會墊撥伍拾萬元，餘款正洽領中，一俟領到，即行匯蘭。

六、甘珠爾瓦呼圖克圖來京展覲，經呈請撥給旅費捌拾萬元，令其暫往蘭州居住，現此款尚未領，正洽辦中，一俟領到，即可飛蘭。

七、留京蒙藏失業人員疏散經費，本會原請撥每人壹萬元、失學學生每人三千元，尚未奉准，本會為體恤彼等困難起見，先墊發失業人員每人伍千元、失學人員每人三千元，彼等以交通費上漲，無法成行，最近復經本會呈請行政院每人一次發給伍萬元，以利成行。

八、本會奉令疏散員工三分之一，已疏散員工每人應領之薪津三個月「照一月份南京區標準」旅費壹萬三千元均已清發，惟彼等一再提出無理要求，本會以格於通案，無法應允。

九、本會留會員工共計二百餘人，除由職率領高級人員二十餘人留穗外，其餘由副委員長周昆田督率，均遷桂林辦公。所有在桂林辦公地址，經廣西省政府協助撥借福利大廈，現已開始辦公。

以上九項，理合報請鈞座鑒察。

謹呈總裁蔣。

中央常務委員、蒙藏委員會委員長白雲梯

〈革命文獻―政治：邊務（二）〉，《蔣中正總統文物》。

2. 西藏攝政電蔣中正、李宗仁為防共黨活動擬遣返中
國代表暨所屬人員商民等（1949 年 7 月 12 日）

西藏政府攝政電鈞座及李代總統，略以凡中國政府所
到之地，即引起共產活動，我人甚恐中國駐拉薩之代
表遭遇危險，且近傳有共黨間諜混入拉薩之中國商民
中，對此種嫌疑人員因而甚難檢舉。藏民對此甚為憂
慮，已請求西藏議會，迅速下令將中國政府代表及所
屬電台、學校及醫院所有人員及中國商民完全遣回中
國，西藏政府對於中國政府代表等，當為準備交通工
具並派兵護送至印度邊境，並已將此事通知中國政府
駐藏代表。此舉純為中國及西藏雙方之利益，及保持
佛教統治之傳統，以防共產主義之侵入西藏，幸中國
政府，勿因而發生誤會。

擬辦：

擬請鈞座電告李代總統及閻院長不可予以姑息，如西藏
驅逐中央官吏，即為反叛之行為，中央應速通知藏當
局，倘有不合之行動，政府將採適當手段以對付之。

職沈昌煥謹擬

七月十五日

註：此電已由電信局抄送李代總統一份。

來電編號：A. 831

發電地點：KALIMPONG

姓名或機關：KASHANG

發出日期：38 年 7 月 12 日 8 時 50 分

收到日期：38 年 7 月 14 日 4 時 50 分

KALIMPONG 381/370 wds 08.00 12/7

TM2 LC GENERALISSIMO CHIANG KAISHEK DR
LIE TSUNG JEN

THE CHINESE PRESIDENT CANTON

RECEIVED TELEGRAM FROM KASHANG DAT-
ED NINETH INSTANT TO FORWAND IMMEDI-
ATELY AS BELOW BEGIN THERE IS FIGHTING
BETWEEN THE CHINESE KUOMINTANG AND
THE COMMUNIST, IT SEEMS THAT WHEREVER
THERE IS CHINESE GOVERNMENT OFFICERS
AND FORCES THERE RISES COMMUNISM AND
TROUBLE, THEREFORE WE CANNOT RISK THE
TROUBLE THAT MIGHT RISE TO THE CHINESE
REPRESENTATIVE IN LHASA, MOREOVER ARE
MANY TALKS SAYING THAT THERE ARE SUSPI-
CIOUS CHINESE AND BARBAS ARE THE PEOPLE
FROM WESTERN CHINA STAYING IN TIBET LHA-
SA ETC, IT IS DIFFICULT TO PICK THEM OUT
FROM AMONGST OTHERS, ALL THE PEOPLE OF
TIBET ARE VERY MUCH WORRIED THAT SUCH
BAD SYSTEM COMMUNISM ANY COME INTO
BEING IN TIBET WHERE THERE IS THE REGION
OF LORD BUDDHA WHICH IS THE SOURCE OF
HAPPINESS OF ALL BEINGS, FOR THE BENEFIT
OF BOTH THE CHINESE AND THE TIBETAN GOV-
ERNMENT AND IN ORDER TO HAVE A LONG

REGIN OF BUDDHISM WE MUST SEND AWAY ALL
THE SUSPECIOS MEN OF BEING COMMUNIST
SECRET SERVICEMEN, TO SEPARATE AND PICK
OUT COMMUNIST SECRET SERVICEMEN FROM
OTHERS AND NOT TO HAVE ANY OF THEM IN
TIBET DISGUSISED AS OTHERS, THE NATIONAL
ASSEMBLY OF TIBET IS REQUESTING THAT THE
CHINESE REPRESENTATIVE AND HIS STAFF THE
WIRELESS OFFICERS THE SCHOOL TEACHERS
THE HOSPITAL WORKERS AND ALL THE OTHERS
SUSPICIOUS MEN SHOULD RETURN TO THEIR
RESPECTIVE PLACES WITHIN A PERIOD WITH-
OUT HINDERANCE TO THE GOD RELIGIONS RE-
LATIONSHIP WHICH EXISTS BETWEEN THE CHI-
NESE AND THE TIBETANS, WE HAVE ORDERED
THE CHINESE REPRESENTATIVE IN LHASA AND
HIS STAFF THE WIRELESS OFFICER THE SCHOOL
TEACHERS THE HOSPITAL WORKERS AND THE
SUSPICIOUS CHINESE AND BARBAS TO LEAVE
FOR THEIR RESPECTIVE PLACES SOON, WE
SHALL SPECIALLY SUPPLY GOOD TRAVELLING
EXPENDITURE RIDING AND PLACK ANIMALS
GUIDE AND BODY GUARDS UP TO THE INDIAN
FRONTIER FOR THE CHINESE REPRESENTATIVE
AND HIS STAFF THE WIRELESS OFFIVER THE
SCHOOL TEACHERS AND HOSPITAL WORKERS,

THE OTHER SUSPICIOUS CHINESE AND BARBAS
WILL HAVE SPECIAL BODY GUARDS UPTO THE
INDIAN FRONTIER, WE HOPETHAT THE CHINESE
GOVERNMENT WILL CONSIDER PROPERLY THIS
IMPORTANT HOB FOR HAPPINESS WITHOUT
MISTAKES AND NOT BE OFFENDED.

KASHANG

蔣總統中正鈞鑒：

逕啟者，西藏全體噶倫致函由，今據全藏民眾大會呈
稱：「茲因中央國民黨與共產黨發生內戰，至今尚未平
息，中央官兵所在之地無不發生有共產之宣傳與鼓動，
故中央駐藏各機關人員等亦難保其萬一，現更甚傳藏境
及拉薩區內增加潛雜共產嫌疑份子者，有中國人及巴安
人等等之說，尚難於分別指定。至於本地乃佛法宏揚聖
地之西藏，甚恐受其惡黨之侵蔓與毒害，現全藏人眾，
發生無限恐怖憂愁，而我中藏之悠久檀越情感，內部並
無分毫隔閡，為我中藏政局及內部安寧起見，不得不驅
盡帶有共產嫌疑之秘密工作人員，因又無法檢查分別，
更為杜絕潛雜之計，將駐藏中央辦事處、無線電台、學
校、醫院及其他有嫌疑之人員等，應請限期離藏，各回
原籍」等情。茲將各機關人員由拉至印境之沿途旅費及
一切烏拉支應護送官兵，由本政府備有，特別從優隆厚
待遇外，其他所有之嫌疑中國人及巴安人等，亦派有護
送軍隊，即回原籍，該事均已接洽聲明矣。希我中央
政府請祈俯念，重於實為安靖，並非罔法孟浪，原諒

幸甚，感之不盡。特此草函，恭候國安。附阿嘉哈達
以佐蕪函。

西藏全體噶倫叩

藏己丑　五月十三日

〈革命文獻─政治：邊務（二）〉，《蔣中正總統文物》。

3. 蔣中正密電鄭彥棻、洪蘭友轉李宗仁、閻錫山為西藏當局驅逐中央駐藏人員政府應嚴正表示（1949 年 7 月 30 日）

廣州中央黨部鄭秘書長彥棻、洪秘書蘭友轉李代總統、
閻院長勛鑒：

密。關於西藏當局驅逐中央駐藏人員事，中意政府應
速作嚴正表示，一面即復西藏攝政，告以此種舉動乃
反叛行為，促其醒悟，對於中央駐藏人員，應立即迎
回拉薩，對在藏漢民，必須妥為保護，否則政府當予
以嚴厲之制裁；一面宜印製大量傳單，令空軍速往拉
薩投擲以示警告。不論此種步驟有無結果，或將來如
何演變，政府此事宜嚴正表示，以明立場如何，仍乞
酌行見復為荷。

弟中

午卅

〈革命文獻─政治：邊務（二）〉，《蔣中正總統文物》。

4. 羅家倫為西藏事變與梅農三次談話紀錄（1949 年 7 月 23、26、30 日）

第一次：民國三十八年七月二十三日於印度外交部

羅：想必梅農先生，早已知道了拉薩叛變的事情。

梅：知道一點，不太詳細。

羅：黎吉生難道沒有詳細報告給印度政府嗎？

梅：他有電報來，說西藏以中國政府駐西藏辦事處中有共產黨份子，令其出境。來電中確切說有共黨份子。

羅：是指少數人，還是指全體？

梅：是指少數人，並非指全體。（此時羅拿出前西藏辦事處處長沈宗濂的電報托羅轉請梅農代為打聽代處長陳錫璋的下落和安全，沈此時因我外交部派來考察東南亞各國館務，尚留加爾各答，而陳錫璋太太為女兒出嫁，早已離拉薩來加，知道拉薩發生叛亂，非常著急，故托沈打聽陳之安全。）

羅拿著電報對梅道：沈宗濂是你的朋友，他托你這件事我特為轉達。

梅：可以，可以，停了一會又說道：據我所知，陳錫璋已經在十七日離開拉薩。接上去又說：西藏送這麼多共產黨來印度，我們真不知道怎麼辦。歎了一口氣，又重復一句道：我們全外交部都在憂慮加爾各答的共產黨已經夠多了，再來這些中國共產黨，我們真不知道怎麼辦法，只要他們能立刻走，我們印度政府願意給他們通行。

羅：我不相信駐藏辦事處人員之中有共產黨，前兩個禮

拜沈宗濂過德里，我和他談及西藏辦事處情形，他說他們都是派赴西藏許久的人，我認為就是有一二共產黨在內，也決不應該牽涉全體。牽涉全體，顯然是別有作用，我想印度政府不會相信誣賴的理由，我不是共產黨，我不願意共黨滲透在西藏，同時，我更不願意共產黨滲透在印度。但是我請你注意，辦事處人員都是中國政府的官吏，他們在印度境內的時候，應當享受友邦官吏的待遇，若是其中有共產黨的話，也應當先由我負責調查，然後再報告與中國政府請示辦理。

第二次：民國三十八年七月二十六日於中國駐印大使館

梅：我最近接到黎吉生的電報，謂陳錫璋於本月十八日在印度駐拉薩商務專員處赴副代表郭卡勒的餞別宴，十九日完成各處辭行的手續，二十日離開拉薩，陳離開拉薩時，空氣至為融洽友好，西藏政府並且派有儀仗隊送行。

羅：梅農先生，究竟西藏政府要逼走辦事處人員是甚麼意思？

梅：西藏政府不免有點神經緊張，怕馬步芳被共產黨包圍，向西藏退卻。

羅：若是如此，那真是矛盾極了，西藏政府一面怕共產黨，一面不惜與反共的中央為敵，我真覺得有點莫名其妙。

（羅此時將他二十五日對報界的談話稿，給梅看，他對「在高原的巖石上釣莫須有的紅魚，無乃太幼稚而天

真，而且在政治上太不聰明」一句，特別帶笑地唸了兩
遍，梅隨後即離羅處，走到門邊時忽然又提起來說道：
「西藏送這麼多共產黨來，我們不知怎麼辦，因為加爾
各答的麻煩已經夠了，我們不願意再增加麻煩。」）
羅正色道：請你和印度政府不要相信一個愚笨政府假造
　　　　　出來的理由。

第三次：民國三十八年七月三十日於印度外交部

梅：西藏辦事處及其他離拉薩的人一共八十八人，由陳
　　錫璋領導，於二十日離開拉薩，現在快要到印藏邊
　　境了，他們應當每人有一張旅行證件，但是在拉薩
　　的時候，因為電台不通，陳錫璋無法向中國政府請
　　示，所以他不肯發，現在看可否由貴大使致電外交
　　部請示准陳錫璋發，或是由貴館發給這種證件，給
　　要入印度境內的人員。

羅：我只知道護照，不知道何謂旅行證件，不知道是怎
　　麼一個手續。我卻知道西藏到印度來，並不需要任
　　何護照。

梅：西藏人到印度來不要護照？我還不知道哩！其實！
　　我也不知道旅行證件是個甚麼格式，可否叫主管司
　　長來我房間來談一談？

羅：不必現在談吧，我要本館錢參事來和他談，他們談
　　好了，我再向本國政府請示。

羅：梅農先生，你真相信中國辦事處有共產黨嗎？我不
　　相信，我認定這是愚笨西藏地方政府的藉口。

梅：我個人也不相信，若是講思想左傾，各處難免都

有，像美國的國務院，我們此地誰能保證沒有？但是這不能說一定是共產黨。

羅：對了，這幾天印度報紙屢次登載權威方面的消息，解釋西藏的事變，你注意到嗎？（羅將印新社刊載的一段新聞指給梅看）

梅：我還不曾見到。

羅：那麼請你一看。（並且特別指出否認中國宗主權一點）當年英國野心最盛的時候，不過否認中國在西藏的主權，現在獨立後印度的報紙，進一步連中國的宗主權也都否認起來了，你們不免跑快了一點。太過分了一點吧。

梅：（看了一下這段新聞，良久不能作答。）最後復吞吞吐吐地說道：你看這裡面提到印度政府答應了西藏一切必需的便利，以利中國辦事處人員由印度撤退，這一點，也不很對，我們不過承受西藏放在我們前面的既成事實。

羅：既成事實在後，恐怕你們答應在前吧？梅農先生：這幾年來，我們政府對印度盡了最大的誠意，我也為了增進中印的邦交，也盡了最大的努力。這種努力，我想你以前也用過心思的（梅農係駐華首次大使），到現在，中國在困難的時候，我不願意中印邦交上和中印民族間發生一道深刻的裂痕，你們不要以為中國共產黨一定會成功，這是一種很淺薄的勢利眼光。假定萬一共產黨會一時的得勢，你應該知道中國共產黨至多不過在我們中國人口中占百分之一的人數，其餘百分之九十九是主張自由民主而

反共的，這班人才是印度真正的朋友，我希望印度
不要使這廣大的朋友們失望，感覺到以前對印度友
誼的心，不過是一種幻覺，這一點是我們中印兩個
民族間永久感情是否能夠建立和保持的關鍵，我想
大家應該在這點上覺悟！

《羅家倫先生文存》，第二冊論著，頁 750-754。

5. 李宗仁密電蔣中正西藏問題之指示業經提出行政院第八十次會議決議（1949 年 8 月 8 日）

總裁蔣：

密。午卅電，關於西藏問題之指示敬悉。案經提出未江行政院第八十次會議決議：

（一）以院長名義「以奉代總統交下方式」電復西藏
　　　噶廈；

（二）由院發表嚴正聲明；

（三）電羅大使對由藏撤出人員妥為照料；

（四）電詢康、青兩省主席對本案意見，已由院分別
　　　辦理。

謹電請鑒察。

李宗仁

未庚府二印

〈革命文獻—政治：邊務（二）〉，《蔣中正總統文物》。

6. 羅家倫函葉公超請設法電匯撤離西藏軍政人員生活費用（1949 年 8 月 13 日）

公超我兄道鑒：

別就矣，想念如何！六月二日曾託廖武官帶上一長函，詳述有關所謂承認問題，想荷察閱。此邦態度多可令人寒心，推其主因：

（一）由於亞洲領袖慾，本年一月間號稱印尼會議，實為成立亞洲集團自作盟主，事雖未成，此心不死；

（二）冀取安理會中國常任理事席而代之；

（三）在二者未實現前，恐孤立，乃留在英帝國集團中，與英取相當協調動作；

（四）已併錫金，正併不丹，圖尼泊爾，對西藏不免領土野心，新國驕狂！幾難想像；

（五）現以東南亞反共中堅名義，進行美援甚力，又與我利害衝突；

（六）但仍大唱作美蘇橋梁，不參加任何集團高調，昨且新派駐蘇大使；

（七）尼赫魯深受英美報反宣傳影響，對我政治感想不好，梅農陰險虛偽，潘君冒險邀功。

以上七點均有確實例證；但（八）我軍事失敗，國土日蹙，以前和戰，舉棋不定，主張混亂，人心渙散，實有令人無所適從之感慨！國外輿論，多謂我無可挽救。至於印度本身亦復充滿矛盾，遍伏危機，獄中共黨數千，而馬來亞殺一印共，即嚴重抗議，必須待其多碰釘子，身受痛苦，始能回頭，為期亦不甚遠。但現在當其重要

癥結（尤其是（一）（二）（五）（六）各點），未曾
解除時，欲彼參加中菲聯盟，恐甚不易！弟忍辱負重，
從不鬆懈。然在殘酷實際主義世界中，已無憑三寸舌，
令人拔劍相助事，前經多方運用，幸打消梅農搶先承認
主張，但將來如英國有對我不利表示，則印度態度，恐
將隨之為轉移也。最近西藏事變，顯係朋比為奸，即從
外事部直接間接發表消息中，即可出其供狀。據此間觀
察西藏方面反中央份子，自然欲乘青海軍隊從事反共
戰爭之時，欲作脫離中國企圖，但此時如印度駐藏名
義上之商務專員稍加勸阻，當然有效；但事實上彼不
但不勸阻，而且預謀。印度至今仍派英國圖藏陰謀家
Richardson 為駐藏專員，僅加派印人 Gokhale 在其名下
學習（名為 Under study），則其繼承英人侵略衣鉢之
雄心，已昭然若揭。此事發動以前，西藏必問印度中央
能允許中國政府被逐人員通過印度與否，有次允許，彼
方才敢把前項人員向印度境內一送，此理之至顯者。
印度社會黨報紙 Blitz 謂此事在發動前二、三星期，印
度政府及英、美（美係記者牽入，不見得知道）方面既
已知道，想有根據。梅農與弟三次談話，甚至尼赫魯說
「西藏安定無變亂」一類的話，均或明或暗為西藏政府
代理發言人，此時忽然請達賴之兄嘉樂頓珠夫婦來德
里，稱為 "Excellency"，自然含有文章。嘉樂因見印度
侵略錫金、不丹情形，又見印度內部困難重重，雖不易
入彀，而獨立心理經其煽動後，自更有加強可能（此人
倫正在下功夫，可有相當聯繫也，以後奉告）。不過
此時印度派戴雅赴拉薩，聞且將長駐，以代 Richardson

（Richardson 任期，聞新延長一年，則戴是否係加派或僅短駐尚未十分確定），而戴係歸併錫金之刀斧手，藏人皆知，恐不免失算耳！現在我方被逐人員，由陳錫璋率領約一百人，據今日電報已到亞東（藏邊），大概六天左右可到噶倫堡，倫已派本館二等秘書薛鎦森及總領館主事劉銘章在邊境等候，待與陳見面後，真相當更明瞭。倫亦將於十七日左右赴加城等候陳等，一方面代表中央予以安慰，一方面聽取報告，商量對策。華僑方面已經發動，予以歡迎。惟此百餘人之生活費用與川旅費，必須請兄迅為設法，照前電所請，電匯美金五萬元，實報實銷，有餘匯還。倫決當為公儉省，不致濫用，此當為兄所諒解者也。此行人員及家屬留印愈久，則費用愈大，愈拖愈深，殊非辦法，多留無益，以盡量遣送回國為原則。聞月底有招商局輪船到加，苟能利用，倫必利用。至於必留之人，則俟倫與陳錫璋兄見面及與印度政府進一步接洽後，再行擬具意見奉聞。至於印度以不丹為保護國（實際係併吞）問題，倫曾有詳電奉聞，因彼之新約，係根據一九一○年英不條約，而此約未經我國承認，且係屢經否認者，故主張我政府有所表示，所謂項莊舞劍，志在沛公也。茲因友人張自存先生赴港之便，匆匆即頌道祺！

弟家倫敬啟

八月十三日

《羅家倫先生文存》，第七冊函札，頁 270-272。

附錄：印度獨立與中印關係大事記

（1945 年 11 月 -1950 年 1 月）

1945 年

11 月	29 日	英國駐華大使館照會外交部，英國政府建議將駐華英屬印度專員地位提升至全權公使地位。次月 11 日，行政院第七二四次會議決議通過，英屬印度駐華專員及我國駐英屬印度專員升格為公使。

1946 年

1 月	21 日	英屬印度駐華專員公署致外交部節略，已派 Bahadur Singh 為本專員駐滬代表，處理滬市印籍居民事宜。次月 6 日，外交部致英屬印度駐華專員公署節略，上海非國都所在地，未便駐紮外交代表，自可遣 Singh 以隨員資格暫時留滬，擬派駐滬代表事礙難同意。
2 月	18 日	駐印度專員薛壽衡電外交部部次長，頃據印度政府稱，已准上年 8 月新疆蒲犁失守後退入印境之該縣保安隊隊長張林森等官兵及眷屬 29 人前來吉爾吉特暫為居留，惟請中國政府自備費用。
	26 日	蒙藏委員會駐藏辦事處處長沈宗濂呈報西藏出席國民大會代表團赴印度新德里，定 4 月 5 日離印。
	28 日	英國駐華大使館照會外交部，請暫勿發表中印雙方使節地位互升事，並將相關外交處置之任何公布，展延至中國、印度及聯合王國各政府將來互相同意之日期。次月 16 日，外交部照會英國駐華大使館，為復聯合王國政府提議中印雙方使節升格協議暫緩公布一節，中國政府表示同意。
9 月	2 日	印度臨時政府成立。次月 15 日，國府與印度政府約定將彼此使節升格為大使。
12 月	30 日	蔣中正致國民黨中央黨部秘書長吳鐵城、外交部部長王世杰代電，印度國際時事研究會邀請我國機關團體中央黨部、中印學會、新亞細亞學會及中國外交政策學會，參加亞洲各國會議，希研議具報。
	31 日	印度駐華大使館照會外交部，擬遣梅農（K. P. S. Menon）為駐華大使，徵求同意。次月 8 日，行政院第七二四次會議決議通過，對印度任命梅農為首任駐華大使，表示同意。

1947 年

1 月	13 日	外交部部長王世杰簽呈蔣中正，西藏政府經英國駐藏代表之轉達，亦已接到印度國際時事研究會之邀請，並已面告印度駐華代辦轉達印政府，我政府派遣觀察員，則西藏即無派遣之必要。
2 月	1 日	戴傳賢函呈蔣中正，為印度發起泛亞會議，按國大黨與國民黨過去之關係，及尼赫魯與我之公私情誼，中國必須參加，並呈擬代表團名單及經費。
	17 日	國民黨中央黨部秘書長吳鐵城、外交部部長王世杰簽呈蔣中正，謹再會呈國民黨及我國其他被邀請團體參加泛亞洲會議代表人選事。
3 月	6 日	蔣中正致外交部部長王世杰代電，為西藏正式派代表參加亞洲會議，應向印度交涉拒絕西藏出席，以保我國行政之完整。
	17 日	蔣中正致蒙藏委員會委員長羅良鑒代電，為西藏政府派代表羅桑汪吉、桑都博章等赴印參加印度召開之亞洲會議，竟另製國旗，希制止並核辦具報。
	23 日	印度國際時事研究會邀集亞洲各國或地區代表於新德里舉行「亞洲各國關係會議」，印方以該會議與政治無關，西藏代表仍獨立出席，並未併入中國代表團。
	28 日	國防最高委員會秘書廳函國民政府文官處，特任羅家倫為駐印大使一案業奉第二二五次常務會議決議追認。
	29 日	印度駐華大使梅農呈遞國書。
4 月		蒙藏委員會駐藏辦事處處長沈宗濂呈蔣中正，分析近日西藏熱振遇害政變原委，並擬處置辦法。
5 月	12 日	外交部訓令，准善後救濟總署代電遣送東南亞各地華僑返國辦法，業經規定妥當，自6月起駐加爾各答總領事館、孟買領事館陸續檢送聯總規定之流亡在印華僑清表，送請聯總駐港辦事處洽商辦理。
	16 日	駐印度大使羅家倫呈遞國書。
7 月		坎巨提王子加麻拉漢親赴印度米什干謁中國駐印度領事，呈獻坎巨提過去係中國領土之證明文件，要求中國收入版圖。
8 月	14 日	國民政府主席蔣中正分電印度聯邦總理尼赫魯、巴基斯坦總督真納、印度聯邦總督蒙巴頓，祝賀印度聯邦與巴基斯坦獨立，成立自治領政府。
	15 日	中國、巴基斯坦雙方公布互換大使。

9 月	5 日	坎巨提王子加麻拉漢派代表艾力加瓦漢等二人抵達蒲犁商洽內附。
	10 日	蒙藏委員會委員長許世英呈蔣中正，轉陳該會駐藏辦事處解決印藏邊境問題意見，建請著手修約或劃界。次月，外交部、蒙藏委員會、內政部奉交核議並奉行政院指令，中印界務交涉俟雙方訂約後再議，並由各該部會蒐集資料，作為將來交涉依據。
	17 日	蔣中正捐助印度摩可菩提佛學會基金印幣一萬盾，於該會創辦人誕辰紀念及建造中國院奠基典禮中，由中國駐加爾各答領事蔡維屏代為轉發。
10 月	24 日	外交部照會印度駐華大使館，照送中印友好通商航海條約草案。
	29 日	外交部致電駐印度大使館，以新疆、印度貿易日繁，擬於克什米爾首府什利拉加增設領館一處，以利僑務，希徵詢彼方同意。次月 26 日，印度政府復稱，須俟克邦局勢澄清及正式加入印度後，方可考慮。
11 月	5 日	蔣中正電令外交部部長王世杰，坎巨提王國請求內附事，可准由該會同內政、國防兩部商擬辦法呈核。外交部次長葉公超、印度駐華大使梅農為中國國民黨駐印度總支部書記長劉翼凌近忽奉印度政府勒令限期離境事，進行交涉。
12 月	4 日	外交部部長王世杰呈蔣中正，為坎巨提請求內附，經洽內政、國防兩部，擬改為自治區，歸新疆省政府管轄，內政由其自理。11 日，蔣中正電復所擬處理坎巨提王國內附辦法各節，准予照辦。
	12 日	印度國際大學校長泰戈爾致函蔣中正，建請在中國召開第二屆亞洲會議。
	13 日	駐印度大使羅家倫電告外交部部長王世杰，印度政府決定年底召回梅農出任外交部次長，並由潘尼迦繼任駐華大使。

1948 年

1 月	2 日	外交部部長王世杰呈蔣中正，據稱西藏代表團夏古巴率代表團抵達印度後，曾數度拜訪甘地與尼赫魯。
	12 日	巴基斯坦駐美使館致函遠東委員會（Far Eastern Commission）秘書長，稱巴國對日作戰有充分貢獻，深信各國必能同意許其加入該委員會。
	21 日	外交部電告駐美大使顧維鈞，有關巴基斯坦欲加入遠東委員會事，中國應主張在會外商洽，非至絕對必要時，對巴國請求不作鮮明表示。
	30 日	甘地遇刺逝世，羅家倫旋訪尼赫魯向印度政府致唁，並向甘地遺體致敬。次日，蔣中正、宋美齡致電尼赫魯，為甘地遇刺向其家屬及國民大會黨等致唁。

2月	4日	駐印度大使羅家倫致函國民黨中央黨部秘書長吳鐵城，為印度社會黨秘書來訪面告，世界各國社會黨將開會謀新結合，印度方面並擬組織亞洲集團，恐發生重大國際政治影響。
	13日	外交部致印度駐華大使館節略，同意印度將駐上海領事館升格為總領事館及派員充任總領事。
	23日	駐印度大使館致尼赫魯備忘錄，請贊助對韓國辦理選舉主張。
	28日	教育部、國民黨中央執行委員會青年部召集有關機關，會商決定參加全印青年會於該年4月舉行亞洲青年大會辦法。
3月	11日	駐印度大使羅家倫致外交部部長王世杰代電，印度、緬甸、印尼社會黨三方派代表擬組亞洲社會黨集團，另邀請我國、朝鮮等地社會黨開會。次月10日，外交部部長王世杰致函國民黨中央黨部秘書長吳鐵城，已將印度社會黨送來致張君勱邀請函轉寄。
4月	3日	國民政府指令行政院，同意據呈為印度政府擬任潘尼迦（K. M. Panikkar）為駐華大使請鑒核備案。
	16日	印度駐華大使潘尼迦呈遞國書。
	22日	駐印度大使館電告外交部並轉國民黨中央執行委員會秘書處暨羅家倫，亞洲社會黨會議未能如期舉行，並已無定期展緩。
6月	1日	駐加爾各答總領事館致電外交部，據聞劉翼凌案係加省警局前英籍副局長一手造成，現已被解雇，又著劉短期暫離印，此案可暫結束。
7月	12日	英國駐華大使館照會外交部，為巴基斯坦政府擬在南京設立駐華大使館並在疏附設立總領事館，請查照辦理。
	23日	行政院指令外交部，為印度聯邦擬在新疆疏附設立總領事館及我國順向要求在印度噶倫堡設領案，決議通過。
	28日	外交部告駐美大使顧維鈞，對遠東委員會之將來通知，非至絕對必要時不必答復。
8月	19日	第一屆印度僑民國大代表李渭濱致函王世杰，陳報印度政府成立僅及一年，所歧視苛待外僑、限制再入境與居留期限等情。
9月	1日	巴基斯坦政府派達菊丁（Tajud Deen）啟程赴華籌備使館。
	17日	外交部次長劉師舜呈蔣中正，對西藏代表團夏古巴等密持西藏自備之旅行文件，於7月上旬由香港赴美國後之處理情形。
10月	2日	外交部次長劉師舜致函印度駐華大使潘尼迦，希再度促請印度政府注意中國政府特擬噶倫堡設領願望。

1949 年

1 月	1 日	印度與巴基斯坦同意自克什米爾撤軍，並由克邦人民投票決定歸屬。中旬吉爾吉特發生政變，成立臨時政府，改懸巴基斯坦國旗，坎巨提等邦紛電表示願歸巴方。
	20 日	尼赫魯主持於新德里舉行之亞洲會議，支持印尼共和國，譴責荷蘭侵略。
	25 日	駐印度大使羅家倫電告外交部部長吳鐵城，關於尼赫魯邀請各國使節，討論貫徹籌組亞洲區域組織決議。次月 22 日，外交部致印度駐華大使節略，為復關於印度建議設立亞洲區域組織事，擬俟有關各國所抱意見漸趨明朗後，再行核議奉達。
3 月	3 日	外交部致駐美大使館代電，關於巴基斯坦、緬甸要求加入遠東委員會案，澳、紐雖支持巴紐入會，其他美、蘇等國尚無明白表示，仍應伺各國表明態度以後，再作最後決定。
	5 日	外交部照會英國駐華大使館，中國政府同意巴基斯坦政府在新疆疏附設立總領事館。
4 月	24 日	外交部電告西北行轅，坎巨提事待克什米爾問題在安全理事會解決後，再行處辦。
5 月	14 日	英國駐華大使館照會外交部，稱巴基斯坦政府對中國政府同意巴基斯坦在新疆疏附設立總領事館表示感謝，並願接受互惠設領之原則，給予一切可能之便利與協助。
6 月	16 日	外交部代理部長葉公超致國防部次長秦德純箋函，因戰局演變，政府勢將西遷，似應趁機與巴基斯坦商洽速設使館，並對開闢中巴交通路線事密籌進行，請示卓見。
	20 日	駐印度大使羅家倫致電葉公超，關於中巴換使事，巴高級專員無能為力，且克什米爾問題短期內難決。
7 月	10 日	中國國民黨總裁蔣中正、王世杰等赴菲律賓碧瑤，與菲總統羅慕洛晤談籌組遠東反共聯盟。次月，外交部代理部長葉公超致電蔣中正，以印度態度既已明顯不贊成，主張不必有所表示，以免顯露痕跡。
	12 日	西藏攝政電中國國民黨總裁蔣中正、代總統李宗仁，為防止共黨活動，將遣返中國代表及所屬人員、商民等。
8 月	30 日	駐英大使鄭天錫致電外交部，據巴基斯坦代辦來告，歡迎中國政府派使駐巴，惟以喀拉蚩房屋極度缺乏，我使到巴恐需屈居旅館。
9 月	1 日	駐美大使顧維鈞致電外交部，緬甸、巴基斯坦係同時聲請加入遠東委員會，中國今既同意緬甸入會，對巴基斯坦似宜同時解決，故除經逕復緬使外，巴使亦經通知。
10 月	22 日	駐印度大使羅家倫電告蔣中正，印度顯欲承認中共政權，已致電尼赫魯勸告，並發動輿論等反對。
	30 日	蔣中正致電外交部部長葉公超，希轉飭駐印度使領館協助照顧國防部保密局原駐新疆人員石玉貴等 78 人繞道巴基斯坦轉印度返國。

11月	26日	新疆籍立委廣祿、阿不都拉致函行政院院長閻錫山，為新疆事變，前主席麥斯武德、副主席伊敏、秘書長艾沙等會同軍事將領數人，率領軍民數百人抵達克什米爾，請速飭予慰問，協助遣送。
12月	13日	駐印度大使羅家倫致電外交部並轉呈蔣中正、閻錫山，與印度某有力方面秘密接洽，印度承認中共後可留秘書一二人為秘密聯絡員，彼方願予保護及便利。16日外交部復電，已奉核准，希即與印方密洽進行。
	17日	外交部電告駐英大使鄭天錫，政府擬即提名派使駐巴基斯坦。
	19日	駐印度大使羅家倫電告蔣中正，印度決定30日承認中共政權，英國則內定一月二日。27日，外交部電告駐印度大使羅家倫，對印度聲明不用絕交二字。
	30日	印度政府宣布與中華民國政府斷交，駐印度大使館聲明撤館。 中國國民黨中央執行委員會致外交部代電，該黨在西北各省服務同志馮大轟、韓克溫等人因新疆事變撤退至印度邊境，請即電轉飭照料進入印境並返國。

1950 年

1月	21日	駐印度大使羅家倫致電葉公超並轉呈蔣中正、閻錫山，奉國父遺像離館，暫住前武官處，27日由加爾各答乘機由菲轉臺。
	23日	行政院指令外交部，密派薛鎦森、糜文開二員留印擔任秘密聯絡員事，准予備案。
	31日	行政院致外交部代電，為辦理救濟甘新撤退人員，自駐印度大使館、駐加爾各答總領事館及駐孟買領事館閉館撤退後，權准駐印度大使羅家倫將救濟餘款移交印度紅十字會，並按照所商辦法支用報銷。

索引

民國史料 36

印度獨立與中印關係史料
（1946-1950）（一）
Historical Documents on the Independence of
India and Sino-Indian Relations,1946-1950
- Section I

主　　編　廖文碩
總 編 輯　陳新林、呂芳上
執行編輯　林弘毅
美術編輯　溫心忻
排　　版　溫心忻、盤惠秦

出　　版　民國歷史文化學社有限公司

10646 台北市大安區羅斯福路三段
37 號 7 樓之 1
TEL：+886-2-2369-6912
FAX：+886-2-2369-6990

開源書局出版有限公司

香港金鐘夏愨道 18 號海富中心
1 座 26 樓 06 室
TEL：+852-35860995

http://www.rchcs.com.tw

初版一刷　2020 年 12 月 31 日
定　　價　新台幣 400 元
　　　　　港　幣 105 元
　　　　　美　元 15 元
I S B N　978-986-5578-00-8
印　　刷　長達印刷有限公司
台北市西園路二段 50 巷 4 弄 21 號
TEL：+886-2-2304-0488

國家圖書館出版品預行編目 (CIP) 資料
印度獨立與中印關係史料 (1946-1950) =
Historical documents on the independence of
India and Sion-Indian Relations,1946-1950/ 廖
文碩主編 .-- 初版 .-- 臺北市 : 民國歷史文化學社
有限公司 , 2020.12

　　冊 ;　公分 . -- (民國史料 ; 36-37)

ISBN 978-986-5578-00-8 (第 1 冊 : 平裝). --
ISBN 978-986-5578-01-5 (第 2 冊 : 平裝)

1. 印度獨立運動　2. 中印關係　3. 歷史

737.07　　　　　　　　　　　109020140